動手玩創意

做出孩子合身的玩具

伊甸社會福利基金會早療團隊　編著

目錄

《推薦序》從教學法寶中，看見認真與熱誠（吳麗雪）　　　*iii*
《推薦序》打開它，活化親子共玩的幸福（潘惠銘）　　　*iv*
《推薦序》優質父母得其法，樂無窮！（林美專）　　　*v*
《閱讀指引》「愛的禮物」──以玩具與遊戲彩繪童年（楊意賢）　　　*vi*

第一篇　幼兒發展與適性玩具

第一章　發展遲緩兒童發展特質、學習特性與教導策略（龔智惠）　　　*1*
第二章　0～3歲發展里程碑與適合玩具（張憶慈）　　　*7*
第三章　3～6歲發展里程碑與適合玩具（李怡姍）　　　*19*

第二篇　教材教具設計、製作與運用

第四章　給我一百個自製教具的理由（陳冠舟）　　　*27*
第五章　自製教具的材料與工具大蒐秘（陳秀萍）　　　*29*
第六章　自製教材教具放大鏡（伊甸早療團隊教保群）　　　*37*
　第一節　感官知覺類　　　*37*
　　一、視覺類　　　*37*
　　二、聽覺類　　　*53*
　　三、嗅覺類　　　*67*
　　四、觸覺類　　　*70*
　　五、多種感官類　　　*74*
　第二節　動作發展類　　　*78*
　　一、粗大動作類　　　*79*
　　二、精細動作類　　　*85*
　第三節　認知概念類　　　*116*
　　一、語文類　　　*117*
　　二、概念　　　*130*
　　三、推理思考　　　*135*
　　四、專注力　　　*138*
　　五、記憶力　　　*140*

目錄

　　　　六、數概念　　　　　　　　　　　　　　　*141*

　　　　七、認知概念學習單　　　　　　　　　　*151*

　　第四節　社會溝通類　　　　　　　　　　　　*164*

　　　　一、社會情緒　　　　　　　　　　　　　*164*

　　　　二、溝通能力　　　　　　　　　　　　　*179*

第三篇　市售教具玩具應用篇

第七章　為幼童選擇玩具的祕訣（李素珠）　　*195*

第八章　市售教具玩具應用點子集（鄭淑翠）　*199*

第九章　改裝玩具DIY（陳譽晟、李惠斌）　　*205*

附錄

一、參考書目　　　　　　　　　　　　　　　　*213*

二、教具製作全紀錄　　　　　　　　　　　　　*215*

三、自製教具評量表　　　　　　　　　　　　　*220*

四、中文基本字彙表　　　　　　　　　　　　　*221*

五、推薦書籍　　　　　　　　　　　　　　　　*223*

從教學法寶中，看見認真與熱誠

　　高雄縣政府以公設民營方式，委託財團法人伊甸社會福利基金會經營管理的鳳山區兒童早期療育發展中心、旗山區兒童早期療育發展中心已邁入第十年，兩中心在楊主任意賢、程主任錦屏的帶領及同仁的積極努力與付出下，交出漂亮的成績。伊甸基金會不僅造福了本縣鳳山、旗山地區發展遲緩、身心障礙兒童及其家庭，他們對於如何能及早發現發展遲緩兒童，使這些孩子能及早接受早期療育，掌握兒童發展的黃金階段，一直努力不懈。

　　在早療中心的實務工作中，教保老師使出渾身解數創造各種適合的玩具、教具，滿足每一個孩子不同的特殊需要，現在他們更將各樣法寶，一一集結成冊，希望可以給實務工作者及家長更多資源。當然也期待能夠嘉惠更多發展遲緩孩子，讓他們的成長跟一般孩子一樣充滿愛與歡笑的記憶。

　　與伊甸基金會已建立長期的夥伴關係，看到他們的認真和熱誠，也深深被激勵著要繼續進步，《動手玩創意——做出孩子合身的玩具》乙書，相信一樣挹注許多早療同仁許多心血及實務經驗在其中，也真心期待本書的用心，讓在台灣出生的每個孩子的成長過程，都有機會得到適當的學習與照顧。

高雄縣社會局局長　

打開它，活化親子共玩的幸福

　　放眼台灣的生活方式，已朝向講求生活品質的迅速簡便即是享受，如：資訊數位化、文化多元化、人際關係疏離化、績效快速化、本土化及國際化；或是在處於保留傳統及追求現代化力量的衝突中抗衡；加上政治社會長久混亂等等的條件下，經濟及生活的壓力相當大。再看台灣的家庭生活，多元、善變、不穩定的家庭結構，家庭成員間的交集少且關係薄弱，每個家庭成員很早就必須學會獨自面對自己的生活及發展。這些現象，部分是全球化共通的趨勢及現象，但在台灣這個自然人文社會的背景下，也有它獨特的表現方式。無論如何，這就是目前台灣兒童的生活環境，它直接也間接且廣泛地影響著台灣兒童的成長。

　　遊戲對兒童發展的意義是正向的，它讓兒童反覆發現並確認他自己的主體性、自主性及自我效能的興奮。遊戲對孩童產生的功能一直是多元的，但基本上，它是透過改變、內化和擴展三種形式，不斷地推展兒童的發展歷程。

　　兒童的自由活動時間，其中97％與玩具有關，而且玩玩具的能力與兒童的能力發展成正相關，這即意味著，為孩童預備玩具以及選擇適合孩童興趣與能力的玩具，對孩童的成長，將會有較好、較豐富且快樂的預期。

　　除了預備遊戲的機會、遊戲的設備與環境，若能加上大人的參與，不管是市售或自製的玩具，都可以活化大人與兒童共玩的情境，藉此孩童會經歷到與大人此時此刻的共同專注、共同經營、共同完成的親密、驚訝、快樂與滿足，孩童的幸福會立即洋溢在臉上，並反映在他的行為表現及整體發展上，而大人從這當中得到的回饋是自我更新及自我的效能。

　　打開一本能帶著您並激發您自己，或跟您正在培育的孩童一起做玩具，或想遊戲的點子的書，相信對要面對現代種種生活挑戰的您而言，將會有實質的幫助。期盼閱讀這本書的您，能夠與我一起經歷感受這樣的幫助。

德國慕尼黑大學教育及心理博士　　潘惠銘

優質父母得其法，樂無窮！

　　每一天都是新的一天，下一刻將面對什麼，我們永遠無法提前預知。幾天前，在中廣聽到一則新聞：一對夫妻快快樂樂的帶著孩子出門買衣服，衣服沒有買成，回到家，因為孩子的哭鬧，父親失手將孩子當場打死……。「情緒的管理」是每一對父母的必修學分，而「如何教養孩子」，更是父母必備的能力。教養一個一般的孩子，況且讓父母捉襟見肘，在不諳發展遲緩兒童的特性下，更是讓新生父母抓狂。

　　伊甸基金會自1993年起，陸續從實務經驗中出版諸多叢書，其中也包含「親子系列」。我們認為「有能力的父母，才能保障孩子的權益」、「父母有權利享受親子之樂」，在聖經中亦教導「做父母的不要惹孩子的氣」，因此，「知己知彼，百戰百勝」，父母親對自我的認識與願意做一個「學習型的父母」，積極認識自己孩子的特性，而能因材施教、順勢引導，才有機會不惹孩子的氣，更能享受為人父母的喜悅。在早療中心的實務工作中，我們的教保老師，亦渾身解數創造各種「優質親子時間」，希望將各樣促進親子同樂的法寶，一一傳授給家長們，期待為家長的面衣換上滿足與喜樂的新裝。

　　本書的出版，就如同我親愛的同仁阿賢主任所說，若不是出於愛，這一群已經忙得團團轉的老師與社工們，是沒有動力在工作之餘再編寫本書。我一直以我的同仁們能竭盡所能貢獻自己為榮，我也深信，在我同仁努力編寫本書的同時，她們自己與她們的孩子，已經先得著了本書內容的幫助。因此，也盼望所有閱讀過本書的朋友們，您能重拾信心，做一個優質的父母。

伊甸基金會早療團隊副執行長　　　　

「愛的禮物」──以玩具與遊戲彩繪童年

緣起

　　若非出於愛,沒有人願意將可以用來休息及享受鳥語花香的時間,投注在遲緩兒的教材教具的研發製作中。我所深愛的這群孩子,占全國幼兒總人口數不到6%,因為族群少、商機小,所以它不同於一般幼兒的市場,有大量的玩具製造商、兒童圖書業者及教育家積極主動投入,以致於相關的教材教具,甚或玩具的研發皆起步較晚。目前,大多數的教材、工具及輔具多需仰賴進口,迫於價格昂貴及種類之稀,有心的家長與專業人員即需自己「動手玩創意」,將一般幼兒的玩具加以改裝運用或是費時自製,方可滿足遲緩兒的個別特殊需求。

　　由於遲緩兒的各種特殊障礙,不論是教具的自製或玩具的改裝運用,都需家長與專業人員花費更多的心力、時間以及高度技巧的誘發,才能提升孩子某項的功能。因此,在執著於發展遲緩兒的教材教具研發的同時,家長與專業人員必須有十足的耐力,以信心迎接體力耗損、缺乏資源與支持的高壓挑戰。

　　為了支持家長及專業人員的不放棄,伊甸基金會早期療育專業團隊的同仁,將數年來為孩子所做的努力、所累積的經驗,如同「家常菜」般的端出來,不怕讓全國先進及家長見笑,這是一份熱情的心意,一份「愛的禮物」,願為發展慢飛的孩子貢獻心力,也與大人們相互激勵,更企盼促成更多的專業與資源投入遲緩兒的教材教具研發行列中,成為家長與第一線實務工作者的後盾,讓更合適的玩具伴隨孩子們遊戲彩繪的童年,讓無法用金錢替代的愛與歡笑,充滿在孩子的成長記憶中!

導論

教具、玩具

　　本書以教學訓練的觀點出發,使用了一般常用口語中的「玩具」或「教具」用語,是涵蓋有「教學工具」、「教學道具」、「學習玩具」、「教學輔具」等意涵,目的是要使這些「具」成為孩子「寓教於樂」的玩具,讓孩子「具」備能力。

本書內容

　　第一篇「幼兒發展與適性玩具」，是從理論性的角度，論述遲緩兒的發展特質與學習特性、0～6歲發展里程碑與適合玩具，做為讀者在選擇或自製教具時的參考依據。

　　第二篇「教材教具設計、製作與運用」，有三大主題。第一，要讓您發現，自製教具的一百個理由；第二，介紹製作教具的各項工具，幫助讀者在教具製作上能得心應手；第三，收錄伊甸教保老師群精心自製的「家常菜」，各教具依屬性分類，並按各發展領域順序編列，其中還詳列教學目標、製作與操作方法及延伸應用等具體實用的知識分享。

　　第三篇「市售教具玩具應用篇」，由「伊甸媽咪群」的素珠、淑翠主筆，傳授為孩子選擇市售玩具的竅門，以及分享如何讓市售玩具加分好用的點子萬花筒。

感謝的話

　　本書的順利付梓，有賴伊甸早療團隊婦幼家園、旗山、東港及鳳山等早療中心的教保組與復健關懷組的通力合作，特別是在淑翠、憶慈、秀萍數位老師的大力襄助下，讓教具篇的內容更臻完整。我要感謝智惠為本書定下草圖，還有冠舟、憶慈及怡姍的惠賜文稿，以及惠宜、憶慈、怡姍、秋萍與美云的協助校對。

　　此外，我也要特別謝謝惠銘，在忙碌的研究與教學工作下，仍欣然地協助審閱，為本書做專業的把關。更由衷感謝從未停歇期許的副執行長美專姐的總校閱，以及我最佳的美編拍檔于美。出版之際，甚感謝諸位長官的提序。

　　最後，願神祝福與紀念代禱勇七秋櫻傳道、曲媽、卓媽及無名的推手。由於篇幅及能力所限，疏漏脫誤之處，還請諸位先進不吝指正。

編輯　　楊意賢

第一章　發展遲緩兒童發展特質、學習特性與教導策略

龔智惠 ｜ 輔英科技大學幼兒保育系學士
伊甸基金會鳳山區兒童早期療育發展中心教保專員

「發展遲緩」是指動作、認知、語言等發展較同年齡顯著緩慢。為了幫助發展遲緩兒童各項能力的提升，除了實施特殊教育的理論與技巧外，了解幼兒教育原理以及孩子的遲緩類型與發展特質，更是必備的專業知能。

本章節的內容，首先介紹兒童發展的基礎理論觀點，接著帶您認識發展遲緩兒童的發展特質、學習特性，以及因應不同遲緩需求的教導策略，期待給予讀者一個全盤性、系統性的了解，以助於確實掌握發展遲緩的意涵以及善用教導策略，開發遲緩兒的最大學習潛能。

壹、兒童發展的理論面面觀

「孩子終究是孩子」，這是面對發展遲緩兒童的基本態度：一般幼兒的教育原理與精神，是介入發展遲緩兒教育的根本。以下介紹部分的兒童發展的學派主張，帶您從不同面向認識兒童的發展理論及教育精神。

一、從兒童發展的歷程來看

幼兒的發展是從頭到尾、軀幹到四肢、整體到特殊、身體到心理。孩子需在「成熟」加上足夠的「練習」條件下，才能往下一個發展階段前進，因此，在孩子的身體達到成熟時，就需要從廣泛性的活動，提供孩子足夠的練習機會。

二、從皮亞傑的認知發展論來看

0～6歲幼兒，分別歸屬於皮亞傑（Jean Paul Piaget，1896-1980）認知發展論的感覺動作期（0～2歲）及前運思期（2～7歲）。

(一)感覺動作期

此階段的幼兒對外界知識的吸收，主要是透過視覺、聽覺、觸覺等感覺與手的動作建立，從最簡單的反射學習到複雜，由身體的動作到心理的活動。

(二)前運思期

此時期的幼兒，因有自我中心的盲點，受到知覺的影響，而尚未建立可逆性的思考及保留概念的能力。

這兩個階段，主要是以知覺的練習為主要目的，因此孩子會需要不斷重複的練習與透過實際物品的操作，建立其配對、分類、共同關係、因果關係、序列、時間序列、保留概念等概念，以為接下來的具體運思期打基礎。

三、從幼兒遊戲的觀點來看

兒童從遊戲中學習，他們的工作就是遊戲。他們從遊戲中肯定自己，而成人則可透過對幼兒遊戲的觀察，推估幼兒心智發展的階段。

幼兒在3～5歲之間，對於玩具，主要會進行功能性遊戲及建構性遊戲：會重複某些動作多次而不覺得煩，例如：拼圖拼了又重來、積木堆了推倒再堆，而這也是因為其可逆性的思考及保留概念尚未發展出來。

唯透過重複的操作，孩子能學會操作技巧，具備操作的技巧後，再經由成人的引導或玩伴間的模仿，才可躍升到象徵遊戲、規則遊戲等較高的遊戲層次。

四、從蒙特梭利的教育理念來看

在瑪利亞‧蒙特梭利（Maria Montessori, 1870-1952）眼中，幼兒是一個獨立存在的個體，不論是一般幼兒或是發展遲緩兒，成人都應儘量不要去主導幼兒的活動或干預他們的學習。

事實上，幼兒本身具有神秘的「吸收性的心智」，經由這種心智活動，幼兒能從周遭的環境中學習：也就是，幼兒對外在環境學習吸收之後，重新建構自己的知識及智慧的歷程。所以，成人的職責是為孩子預備一個不受干擾、非常豐裕的學習環境。

筆者從以上各理論與發展的觀點，簡要歸納並建議實際應用之。0～6歲幼兒的各方面發展，是需要較多的實際操作經驗來建構各方面的能力，是故，多鼓勵幼兒自己動手操作，將能增加幼兒語言表達的機會、常規的建立，以及選擇能力的提升。

貳、發展遲緩兒在發展上的特質

發展遲緩兒因其障礙的類別及程度的不同，其個別差異性很大，大致歸類為下列幾項特質：

一、生理成長遲緩的特徵：在身高、體重、骨骼的成熟度，可能較一般幼兒為低，另外也可能因為活動量較低、食量大無飽足感，而造成過度的肥胖。

二、感官知覺發展遲緩的特徵：在視覺、聽覺、觸覺、本體覺與前庭覺等的發展統合能力，有過度敏感、反應遲滯等不同的問題：甚至許多重度以及多重障礙者，具有視聽覺或兩者併存的障礙。值得慶幸的是，感官能力與生俱來，在部分功能的受限下，仍可開發剩餘能力、發現優勢感官功能及代償能力。因此，多重感官教學模式應用在發展遲緩兒教育上，是倍受推崇且效果兼備。

三、動作發展遲緩的特徵：在粗大動作，如：翻身、坐、爬、站、走等；精細動作，如：抓握物品、堆疊積木、操作玩具、握筆寫字、操作工具等；視動協調，如：追視物品、手眼協調等⋯⋯幾個領域，比起其他大部分同年齡的孩子有較慢發展出來的狀況。或者，孩子已經發

展出動作的基本能力，但在動作上有靈巧性、協調度不足、平衡感不佳、步態不穩等問題。

四、**認知發展遲緩的特徵**：短期（立即性）記憶儲存與喚起較困難，注意力集中與選擇性注意力也較差，對於透過感覺器官，如視覺、聽覺，自環境中所獲得資訊，無法有效儲存。長期記憶力方面，則和一般幼兒相似。以皮亞傑的認知發展論推估發展的表現：

（一）重度與極重度智能不足者，其發展最高能達到感覺動作期。

（二）中度智能不足者，則能達到前運思期。

（三）輕度智能不足者，則是能達到具體運思期；臨界智能不足者，尚可達到較簡易的形式運思期。

五、**語言發展的特徵**

（一）聽理解的部分發展較慢。

（二）用簡單的基本字彙表達。

（三）文法規則的理解與運用能力發展較晚，且說話缺陷（例如：構音問題）普遍，可能出現鸚鵡式語言、錯用代名詞、錯用文法、語句較短等問題。

（四）在語言運用的品質較低，無法與人有效的溝通。

六、**社交能力發展遲緩的特徵**：與人互動的技巧，因為認知及語言能力的低落而受到限制，通常會出現獨自遊戲的情形。

參、發展遲緩兒在學習上的特性

從發展遲緩兒的生理、感官知覺、動作、認知、語言、社交能力等發展特質中，概括而論，發展遲緩兒在學習上，有下列的特性表徵：

一、對於抽象材料的學習，有明顯的困難。

二、調節注意的能力差，瑣細而缺乏意義的刺激，也會使他們分心，使學習成效受影響。

三、學習方式比較呆板僵化，不知隨機應變，同時對於學習或生活情境有抵抗改變的習性。

四、易出現適應不良的行為，如：攻擊、破壞、自傷等，藉以引起別人的注意或逃避學習等。

五、自我內在控制能力較弱，會出現突發性的衝動行為。

肆、發展遲緩兒的教導策略

在認識發展遲緩兒童的發展特質與學習特性後，我們可以了解，遲緩兒有其固執的特質，是需要多提供他動手操作與重複練習的機會，加上多一點的鼓勵與適當的要求，才能夠提升其各領域的發展能力。

所以，不論是家長或老師，都應通曉遲緩兒的發展特性及教導策略，如此，方可給予遲緩兒適切的協助，以增進其動作熟練度、身體協調性、認知能力以及專注力。

最後，本文將教導遲緩兒的訓練策略，配合遲緩兒的發展特質而整理成【表1-1】，希望能夠幫助家長或老師更知道如何去照顧遲緩兒；此外，要與您共勉的是，「堅持、持續、認真」是讓教導策略成功的不二法門，也希望我們能引發出孩子發展的潛能。

【表1-1】發展遲緩兒的發展特質與教導策略一覽表

類別	特質	訓練策略
生理成長	1.與同齡幼兒相較，其身高、體重、骨骼的成長速度較慢，成熟較晚。 2.有些幼兒的活動量低、食量大，造成過度肥胖。	1.均衡飲食習慣的建立。 2.飲食的控制。 3.運動習慣的建立。
動作發展	視動控制、平衡、上肢協調、速度與靈巧度表現較差。	1.增加練習的機會。 2.提供適當的訓練機會，以增進其動作能力。
認知能力	1.依障礙程度而不同，最多能做簡易的形式運思。 2.歸納推理與概念化能力較弱。 3.自我解決問題能力弱。	1.依幼兒目前發展的能力給予提升。 2.運用實物操作，有助概念的建立。 3.中重度幼兒需將學習的步驟精確地細分，系統化的訓練，並反覆練習至精熟。 4.給予幼兒自由探索的機會，當其無法完成時，再視情況加入協助。 5.逐漸延後介入協助的時間。 6.學會後，抽離各種提示及協助。

類別	特質	訓練策略
語言能力	1.常用字彙、文法規則等理解力與運用能力較差。 2.溝通能力差，間接出現負向情緒及自信心低落的情形。 3.易出現構音的問題。 4.語言運用的品質較低，如：複雜句的使用困難。	1.善用綜合溝通法：運用手勢、圖卡、溝通板等，建立溝通管道。 2.給予多次練習的機會。 3.多問幼兒問題，少立即下指令。
學習方面	1.對學習有失敗的預期。	1.從幼兒有興趣的物品或圖形著手。 2.多增強、少懲罰。 3.提供成功的學習經驗。
	2.注意力缺陷。	1.教材多樣化，以吸引注意力。 2.注意教學活動的變化。 3.一次一個學習的目標。 4.多次的複習。
	3.不主動。	1.提供主動學習的機會。 2.多等待幼兒，讓幼兒有機會自己想想解決的辦法。 3.多讓幼兒自己動手做。
	4.短期記憶的缺陷。	1.運用重複學習的技巧。 2.反覆練習。 3.將工作或任務分割成小步驟學習。
	5.學習遷移的困難。	1.以日常生活的素材為教學內容，建立類化的能力。 2.多次探詢其工作內容、重點與方法等，確定符合要求。 3.輸入正向的自我引導方法與談話，如：「想一想」、「試試看」、「再試一次」、「檢查一下」、「做得不錯」、「完成了」等。 4.當孩子做了「嘗試」，得到成功時，應給予強烈及高密度的讚許，以鼓勵再嘗試的意願。
	6.學習技巧較弱，如：不會運用分類、內在語言等技巧去組織及吸收。	

第二章　0～3歲發展里程碑與適合玩具

張憶慈 | 高雄醫學大學物理治療學系學士、小悅的樣媽咪
伊甸基金會鳳山區兒童早期療育發展中心專任物理治療師

　　動作心理學家曾做過一個有趣的實驗：把一群剛出生的老鼠分成兩組，一組過群體生活，也就是幾隻老鼠在同一個籠子裡生活，並有幾隻活動能力比較成熟的老鼠陪伴，為牠們供應足夠的活動空間、水及食物，並有各式各樣色彩鮮豔適合老鼠的「玩具」，例如：磨牙板、可跑步的滾筒、按壓之後會有食物跑出來的把手、彩色的隧道、樓梯等；另一組的老鼠，則單獨一隻關在一個空籠子裡，裡面沒有其他的東西，但照樣提供足夠的水和食物。

　　猜猜看，經過一段時間，在兩種不同環境中成長的老鼠，會有什麼不一樣呢？研究者發現：第一組的老鼠，因為有許多不同的環境刺激、操作各式遊戲器材的機會，並有其他能力比較成熟的老鼠與牠互動，故相較環境單純的第二組，第一組的老鼠無論在動作技能、動作協調、找到食物的能力上，都比第二組來得好，而且第一組老鼠的腦神經構造也比第二組來得發達！

　　我們可由這個有趣的實驗推知，環境刺激與活動經驗的給予，是孩子發展成熟的重要因素！玩具在孩子的成長過程中，扮演著重要的誘發角色，其實不是只有市面上賣的玩具，如：積木、布娃娃、黏土等才可稱為玩具；從孩子的角度來看，他們用來玩弄的任何物件，如：大人的衣領、臉盆、樹枝、樹葉、泥沙等等都是玩具，因此也有人以「玩物」來通稱孩子的玩具。

　　同樣的玩具，依據孩子不同年齡層的發展，也可能有很多不同的玩法。如：年紀比較小的孩子拿到小汽車玩具，可能會拿起來隨意亂丟，如此的動作間接建立了丟接物能力；或者，拿兩台車互相敲敲打打，孩子在不經意下練習了雙手協調能力；等到認得汽車的功能，他們會在地上推玩汽車，並一面追著汽車爬行，這就是大肢體動作協調能力的發展；年紀較大的孩子甚至可能會拿汽車來玩角色扮演的遊戲，這就是象徵概念的表現，例如：假裝開車去上班。

　　因此，玩具的選擇不只要注意安全性、趣味性，可以吸引孩子外，更需要的是孩子目前能力可以操作的，太簡單或是超過孩子能力太多的玩具，都沒辦法吸引孩子。唯有提供孩子適合的玩具，方可幫助孩子展開遊戲學習的經驗，並可刺激孩子發展出尚未建立的能力；無論是動作能力的發展、認知與社會行為的建立，都可透過操作玩具而學習之。

名詞放大鏡

發展里程碑

　　孩子由嬰兒時期慢慢長大，無論是在動作、語言、認知等能力，也會慢慢進步，在每一年齡層大部分孩子已經可以達成的能力，稱為發展里程碑，一般是以半年為一個發展階段。

　　爸爸媽媽可以把這個當作參考指標，看看孩子的能力是不是有跟上大部分的孩子。像台灣人講的：「七坐、八爬、九長牙」，也是一種發展里程碑的描述。

壹、感官知覺豐富孩子的世界（0～4個月）

　　想像一個剛滿月的寶寶，獨自躺在家中的嬰兒床上，床頭音響正播放著柔和的音樂，當他輕輕揮動手臂時，感受到棉質被單滑過皮膚的感覺，眼睛注視著頭頂的懸吊式玩具，雖然看到的東西還很模糊，但是玩具慢慢地旋轉所產生的光影變化，卻足以讓他著迷；為了能看得更清楚，他的頸部肌肉必須學會用力，才不會一直倒向一邊。

　　這時候房間裡飄出泡牛奶的味道，媽媽走過來抱起他，輕輕搖晃，並在他的臉頰上親吻，這個時候他的頭頸要嘗試多用一點力，這樣才能看到媽媽的臉，或者轉頭去找奶瓶的位置。這些視覺、聽覺、觸覺、味覺、本體感覺、前庭感覺的刺激，對寶寶而言，都是相當新奇的！雖然寶寶這個時候的動作能力還尚未建立，但他透過這些感官知覺能力來學習認識這個世界，並且慢慢建立一些動作上的基本控制能力。

　　因此，在這個時期為孩子選擇的玩具，應以能夠提供各類感官知覺的玩具為主，有聲音的、顏色鮮豔的，或者有不同顏色閃燈的玩具最能吸引他。遊戲的方式，則以能夠引導孩子發展出各種基本動作控制能力的遊戲為主，可以在他躺著時，把玩具在他面前慢慢地左右移動，吸引他轉頭看；也可以在他趴臥時，將玩具移到他的眼前並引導他稍微將頭抬起。還有可別忘了！對寶寶來說，爸爸和媽媽是最棒的玩具唷！常常擁抱寶寶（觸覺及本體覺刺激）、對寶寶微笑、和寶寶說話、唱歌給寶寶聽（視覺、聽覺），或是輕輕的為寶寶搖晃搖床（前庭覺刺激）；這些動作，可幫助寶寶的大腦發展出整合性的知覺能力！

【表2-1】 0～4個月的嬰兒發展與適合玩具

	粗大動作發展	精細動作發展	感覺能力	社會行為
能力發展	●俯臥時能抬頭一會兒 ●扶軀幹坐時，頭部能穩定不搖晃 ●正躺下，能隨目標左右轉頭注視 ●扶著骨盆坐時，軀幹可抬離地面約30度 ●趴臥地板，可短暫以手臂承重將頭抬離地面45度	●可將手稍微張開 ●眼睛能追視物品上下左右轉動90度	●可追視物品及光源 ●喜歡看色彩鮮豔的圖案	●會注視別人的臉 ●喜歡被安撫 ●逗他會微笑
合適的玩具	●色彩鮮豔的懸吊玩具 ●會轉動、有音樂的玩具 ●正躺時，以玩具吸引嬰兒轉頭及舉起頭部 ●聲光玩具 ●以手搖鈴、鈴鐺吸引嬰兒			●人臉的相片 ●多擁抱、觸摸嬰兒 ●嬰兒按摩 ●多對嬰兒注視、微笑說話 ●對嬰兒輕哼歌曲

資料來源：整理自王天苗（2004）、協康會（1999）、高淑貞譯（1994）、Folio & Fewell (2000)。

【圖1】會發出聲音的手搖鈴或鈴鐺。當寶寶躺著或被抱著坐時，大人可用這些玩具吸引寶寶的注意，轉頭或抬頭看玩具。

【圖2】色彩鮮豔的玩偶，可以吸引寶寶注意，玩偶的手腳、耳朵各用不同觸感的布做成，藉以提供不同的觸覺刺激，手腳按壓搖動時也會發出聲音，訓練寶寶的聽覺注意。

感官知覺

分為聽覺、視覺、觸覺、本體覺、前庭覺，是指身體接收外在環境刺激的各種感覺，例如：被撫摸、輕拍、動動四肢關節屬觸覺、本體覺，聽到各式各樣的聲音是聽覺，看到媽媽的臉或房間的燈光是視覺，被抱起來輕輕晃動則為前庭覺。

觸覺

皮膚可以說是身體最大的器官，在我們體表的皮膚底層，有數以萬計的神經接受器，這些接受器會接收各種不同觸碰到皮膚的刺激，可能是被別人拍了一下，或是毛巾擦拭身體的感覺等，然後，感覺的訊息會經由神經元，就像身體的傳令兵傳至大腦。

本體覺

在我們的關節及肌肉裡，有許多感覺接受器，使我們知道自己的肢體目前擺在什麼樣的姿勢，正在做什麼動作。一個本體感覺異常的孩子，可能站著的身體已經歪向一邊而自己卻不自覺，因此常常跌倒，或者很難控制自己抓握物品、握筆寫字的力道等。

前庭覺

前庭感覺的接受器在耳朵裡，負責處理身體在動態狀況下的平衡。例如：小朋友在跑步的時候，即使身體高速的前進，仍然要讓頭部維持直立的姿勢，不會前後亂晃。所以，前庭感覺就是用來接受頭部位置改變的感覺刺激，然後讓身體做出適當的反應。因此，孩子如果常常跌倒，建議應進一步了解是不是受前庭感覺異常的影響。

貳、小小世界真奇妙（5～8個月）

　　這個時期的寶寶，動作發展的重點在身體軀幹的控制，他慢慢地發展出可以對抗地心引力的能力，並嘗試調整肌肉的力量去維持身體的平衡。寶寶可能被某個玩具吸引，嘗試要伸手去碰它，身體用力翻了過去變成趴姿，他開始發現原來這個姿勢可以把頭抬高，而將房間裡有趣的東西看得更清楚。

　　其實很多肢體動作的產生，都來自於寶寶對外界的好奇心，例如：因為好奇想去觸碰遠處的玩具，偶然的情況下就學會翻身甚至爬行。因此，若家長熟知兒童發展的里程碑，便可以寶寶有興趣的玩具吸引他，引發他做出這個年齡層應該學會的發展動作。對於發展較慢的幼兒而言，因為先天感官的缺失，可能聽不到玩具的聲音，看不到環境中有趣的東西，因此活動的動機會較弱，這個時候就必須帶著他的肢體去做動作，讓他透過反覆練習的動作經驗而將能力建立起來。

　　在親子的遊戲互動方面，當寶寶趴姿時，可以把玩具放得遠一點，藉以引誘他伸出小手來觸碰玩具，同時可以利用這個時候，讓寶寶練習把重心移到一邊，以便能空出另一隻手來抓玩具，接著又把玩具移到另一邊，讓他練習左右重心轉移，等到這個能力漸漸成熟了，爬行的動作也自然就被建立起來。此時的寶寶也開始有一些抓握的動作，家長可以選擇符合寶寶手大小可握的手搖鈴，或將按壓之後會有聲響的玩具讓他操作。另外，也要常常扶著寶寶起來坐在地板上玩玩具，幫助他練習抗重力姿勢下的軀幹控制，進而更有能力開始去探索這個有趣的世界。

【圖3】專為小寶寶設計的安全鏡子。周圍以絨布保護，可以懸掛在牆上，引導小寶寶維持坐姿，並抬頭看鏡中的自己；黏在鏡框上的小球則可吸引小寶寶伸手去抓。

【圖4】星星套圈。小寶寶按壓星星頂端時會有音樂的聲音，並會有各色的燈光閃爍，可訓練小寶寶按壓的動作。每一層的星星可分別拆下或套上。每個星星有不同的凹凸觸感，提供觸覺刺激。

【表2-2】5～8個月的嬰兒發展與適合玩具

	粗大動作發展	精細動作發展	認知能力	社會行為
能力發展	●可維持地板坐姿幾秒鐘 ●躺著，協助拉雙手坐起，可控制軀幹及頭部抬起 ●趴臥時，雙手支撐可穩定抬頭 ●可左右翻身	●能注視，並抓握自己想要的東西 ●可抓握並搖晃搖鈴 ●會拍打玩具 ●趴臥時，可將重心轉移至一側，並伸另一手抓玩具	●察覺自己身體的不同部分 ●能集中注意力看東西 ●會用手摸索身體各部位及臉部器官 ●分辨自己與鏡中影像的不同	●會以哭的方式表達情緒 ●看到熟人會很興奮 ●會對大人的語言或表情有反應，如：注視、微笑、發出聲音 ●對陌生幼兒微笑，伸手去摸他
合適的玩具或遊戲	●可供手搖鈴、鈴鐺讓嬰兒搖弄 ●掛在腳邊可誘發踢腳的玩具 ●坐在成人腿上搖擺 ●各式可供拍打、按壓的聲光玩具	●可供嬰兒抓握的軟質玩具，例如：布偶、橡膠玩具 ●嬰兒可放在口中舔或咬的玩具 ●以玩具鼓勵嬰兒在短距離處伸手抓取	●引導探索身體的遊戲 ●鏡子	●人臉的相片 ●多擁抱、觸摸嬰兒 ●嬰兒按摩 ●多對嬰兒注視、微笑說話 ●對嬰兒輕哼歌曲

資料來源：整理自王天苗（2004）、協康會（1999）、高淑貞譯（1994）、Folio & Fewell (2000)。

參、小小探險家（9個月～1歲）

　　這個年齡的寶寶，姿勢控制的能力已經大部分建立，可以利用爬行方式自如的在房間裡移動。寶寶對於他爬行可及範圍內的所有碰得到的東西，都感到很有興趣，會想要抓來看一看、摸一摸、咬一咬。寶寶也會嘗試要拿放在高處的東西，因而開始發展扶著傢俱站起來的動作，甚至可以扶著桌子跨出幾步。隨著寶寶的發展，大人必須了解，這個時期的寶寶對於環境的探索已不再是「被動」的，他會在房間裡四處爬行，一下子扶著站起來，一下子跪著玩玩具，就像小小探險家一樣，開始四處去尋寶、探險。

　　另一方面，寶寶開始會專心地看著別人的動作，有模仿的興趣及動機，因此，不能再單純只給他感官知覺類的玩具，而是多一點可以操作的玩具。此外，也要開始教寶寶揮手表示再見、拍手表示好棒，讓他透過動作的模仿進而理解動作的意義，然後學會用這些手勢與外界溝通。

【表2-3】9個月〜1歲的嬰兒發展與適合玩具

	粗大動作發展	精細動作發展	認知能力	社會行為
能力發展	●能自己坐起來 ●能坐在地板上操作玩具 ●可彎腰撿起物品，再恢復坐姿 ●會扶著東西站起來 ●扶著雙手可向前走幾步 ●能扶著傢俱移位 ●會用四點爬的方式穩定爬行、轉換方向，爬過障礙	●會伸直手肘抓取各方位的物品 ●喜歡抓、放東西 ●會握物敲槌 ●會設法去抓取遠處的東西 ●能用大拇指和食指抓握物品	●有簡單的因果概念。會重複玩有回饋性的玩具 ●具備物體恆存概念。推開擋住視線的東西或蓋在臉上的布 ●會找出在眼前被遮蓋的物品 ●知道「不可以」的意思	●會注意別人的動作，如：寫字、畫畫 ●有意義的叫「爸爸」、「媽媽」 ●喜歡重複的動作 ●拉他的玩具時會抵抗 ●能做「再見」的動作 ●與主要照顧者分離，會有焦慮現象，如：哭泣、尋找
合適的玩具或遊戲	●會移動的玩具，引發爬行動機 ●坐姿下玩滾球的遊戲 ●堅固的傢俱，並以玩具引誘，讓孩子練習扶物站起，扶著傢俱移位	●可抓握、咬的、拍打或表面有凹洞、按鍵，或可手指鑽、按壓的玩具 ●敲打、捏、吹會發出聲音的玩具 ●能推動的玩具車或動物造型的玩具	●躲貓貓遊戲 ●以布蓋住玩具，讓孩子嘗試找出 ●有回饋動作的玩具，如：不倒翁、按壓後有音樂的玩具	●親子共讀圖畫書 ●鼓勵孩子在環境中四處爬行探索

資料來源：整理自王天苗（2004）、協康會（1999）、高淑貞譯（1994）、Folio & Fewell (2000)。

【圖5】色彩鮮豔的拼布球。大人推滾球，吸引小朋友爬行去追球。球內部有鈴鐺，滾動時會發出鈴聲，吸引小朋友注意。

【圖6】汪汪狗。裝電池打開開關，狗狗會在地面上行走，並發出汪汪的叫聲，可吸引小朋友追著狗狗爬行。

肆、搖搖晃晃跨步走（1～2歲）

　　終於，寶寶開始搖搖晃晃跨出人生的第一步，因為行走能力的發展，活動的範圍也更大了，爸爸媽媽可多帶寶寶到戶外活動，讓他有更多的機會下來自己移位，嘗試在不同的環境、不穩的地面、有坡度的草地、沙灘上等行走練習，以幫助孩子走得更穩。還有，配合著簡單的唱遊或律動，也可幫助孩子建立肢體協調能力。

　　寶寶在這個時期的手部操作能力愈趨穩定，不再只是無意識的敲打或亂丟玩具，一些比較有功能性、操作目標的玩具，則可以幫助他的手部肌肉控制能力更加穩定。例如：用小劗子將砂堆裡的砂劗到水桶裡，或翻看厚的圖畫書等。接著，爸爸媽媽可以開始準備粗一點的筆和大張的白紙，讓孩子在紙上塗鴉中練習運筆的能力。此外，透過簡單的一對一互動遊戲，也可以幫助孩子建立聽指令以及與人互動的能力。

【圖7】布書。具有較不易破，不怕髒，可水洗的特性。可訓練小朋友翻書的能力，爸媽並可講解故事中的內容給孩子聽。

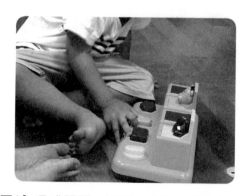

【圖8】各式開關。按壓、撥弄，或旋轉四個不同形式的開關，相對應的動物就會從上方的蓋子裡面跳出來。可訓練小朋友手指的力量及操作能力。

【圖9】敲打玩具。拿小捶子敲打三種不同形狀的按鈕，上方對應的土撥鼠會跳出來，並發出聲音及閃光。訓練小朋友敲打及手眼協調能力。

【圖10】積木車。積木可訓練孩子一個一個向上堆疊的能力。並可訓練孩子拉繩子拖車往前走，訓練行走的穩定性及協調性。

【表2-4】 1～2歲的幼兒發展與適合玩具

	粗大動作發展	精細動作發展	認知能力	社會行為
能力發展	●能走得很穩 ●能倒退走路 ●手扶欄杆，可兩腳一階上下樓 ●能小跑步一下，但還不會閃躲 ●會把球往前丟出 ●會跨坐上三輪車，雙腳推地滑動一段距離	●會一手扶玩具，另一手操弄玩具 ●會將掌心處的物品移到手指放掉 ●一頁一頁翻厚書 ●會把錢幣投入投幣孔中 ●會用剷子剷物 ●會用掌心握粗筆隨意塗鴉	●可以專注的玩一段時間 ●會玩假裝、模仿生活情境的遊戲 ●可模仿手勢、動作及臉部表情 ●會指認10個以上常用物品及圖卡 ●會找大人幫忙解決問題 ●喜歡重複別人的話	●主動把臉靠近大人表示親密 ●親吻大人 ●會與大人玩一來一往的簡單互動遊戲 ●能理解簡單指令 ●喜歡模仿別人
合適的玩具或遊戲	●球 ●推拉玩具 ●三輪車 ●小型溜滑梯玩具 ●攀爬玩具 ●能讓孩子扶著走的玩具 ●唱遊與律動 ●玩沙、泥土	●堆疊類玩具，如：積木、套環、套套杯 ●串珠、粗繩玩具 ●圖畫書，不易撕破材質，如：布書、塑膠書 ●黏土 ●可手指翻轉、扭轉、撥弄、按壓的物品或玩具	●可以扮演、真實性高、接近實物大小形狀的模型玩具，例如：洋娃娃、玩具電話 ●一對一的躲藏遊戲 ●鑲嵌形狀板 ●各式圖卡	●炒蘿蔔、抓手指等簡單的一對一互動遊戲 ●讓孩子參與成人簡單的日常活動，例如：擦桌子、收拾玩具

資料來源：整理自王天苗（2004）、協康會（1999）、高淑貞譯（1994）、Folio & Fewell (2000)。

伍、追趕跑跳碰（2～3歲）

　　寶寶的動作發展到3歲時，已經大部分成熟，他可以用接近大人的步態行走，可以在環境中自如的轉換方向、閃躲障礙物，同時也具備簡單的跑跳能力；接下來，就是各種運動技能與四肢協調能力的提升，這時應該提供寶寶各式各樣的動作經驗，公園裡的遊戲器材是不錯的選擇。在安全的情況，讓寶寶自己去嘗試玩溜滑梯、盪鞦韆、蹺蹺板，與攀爬遊戲器材；如此，也可以增加寶寶與其他同年齡小朋友互動的機會，透過同儕間的模仿及遊戲，讓寶寶的動作能力更加成熟。此外，也可以為寶寶設計一些遊戲規則比較簡單的團體活動，讓三五個小朋友一起玩，幫助寶寶建立遵循規則的概念。

　　因著寶寶能力的嫻熟，可別忘了，為寶寶準備的操作性玩具也要跟著增加其複雜度喔！可以多一些建構性的玩法，也就是將樂高、積木、雪花片組合成各種不同形體的玩具，並可適時在遊戲中加入認知概念，甚或透過角色扮演辦家家酒的遊戲，進而幫助寶寶發展抽象思考的能力。

【圖11】建構積木。積木之間有相互可接合的結構，小朋友可用同類型的積木組合成各種不同的形狀。如：機器人、飛機等。

【圖12】串珠。可用繩子串起成項鍊，或如圖所示的造型串珠，可同時訓練孩子認識動物，或說簡單的故事。如：農場裡的好朋友。

【圖13】切菜組。可玩簡單家家酒遊戲，小朋友假裝是媽媽在做菜。對準缺口切開並可訓練孩子的手眼協調及手部力氣。

【圖14】形狀鑲嵌板。依據形狀將花瓣套入，就可以完成一朵美麗的花。可訓練小朋友提升手眼協調，以及認識形狀的能力。

【表2-5】 2～3歲的幼兒發展與適合玩具

	粗大動作發展	精細動作發展	認知能力	社會行為
能力發展	●不扶物一腳一階上下樓梯 ●會從30公分高度跳下 ●雙腳合併向前跳 ●會騎三輪車 ●以成熟步態行走，並可閃避障礙物 ●會以雙手環抱的方式接球 ●會向前踢球	●會一頁一頁翻書 ●會旋開或旋緊瓶蓋 ●會將兩點連成一線 ●會自己用湯匙進食 ●會自己拿杯子喝水 ●會疊高4個以上的小積木 ●會組合或拔開接合式積木，如：樂高 ●會用手指前端將紙撕成小片	●認識身體各個部位，如：膝蓋、屁股、肩膀、牙齒 ●認識簡單形狀 ●認識3種以上顏色 ●看書時，會指出或說出圖畫裡的人、物或動作 ●參與兒歌、說故事並記住內容 ●可維持注意力約10分鐘左右	●能獨立在熟悉的空間中活動 ●表現出對其他孩童的喜愛，以及交誼的樂趣 ●主動接近同儕一起玩，但以各玩各的為主 ●從他人的表情理解情緒，並做適當反應 ●會用肢體語言表達自己的各種情緒
合適的玩具或遊戲	●攀爬架、溜滑梯、球池 ●三輪車 ●大肌肉活動：跑、跳、翻滾、平衡等 ●捉迷藏遊戲 ●跳繩遊戲 ●簡單跳格子遊戲	●建構式玩具，如：積木、樂高、雪花片 ●黏土、麵團及操作工具（如：可切黏土的木刀片） ●串珠 ●增進前兩指抓握的玩具，如：細針插棒的洞洞板 ●蠟筆、水彩、顏料、剪刀及畫紙	●小型辦家家酒道具 ●動物模型 ●玩裝扮遊戲的道具如：醫生、警察、媽媽的口紅、衣服、爸爸的公事包 ●有簡單故事性的圖畫故事書、圖卡、錄音帶 ●捉迷藏	●假裝打電話的遊戲 ●合作性的遊戲

資料來源：整理自王天苗（2004）、協康會（1999）、高淑貞譯（1994）、Folio & Fewell (2000)。

　　0～3歲這三年的時間裡，對寶寶而言是很重要的！許多基本的動作能力與認知概念，都在這三年間建立，從什麼都不會、什麼都不懂，到可以行動自如、四處探索，而這些能力也是將來建立新技能的基礎。家長或老師可以把這些發展的概念融入到平常的生活中，提供孩子多樣刺激的環境，並給予合適的玩具，相信對誘發孩子各方面的發展，是相當有幫助的！

第三章　３～６歲發展里程碑與適合玩具

李怡姍｜高雄醫學大學職能治療學系學士、高雄師範大學特殊教育碩士
小港醫院復健科職能治療師、嘉南藥理科技大學幼保系兼任講師

壹、前言

　　人從母體受精開始，就一直生長及發展，終其一生。生長，包括器官、外表等量的改變，而發展指的是質方面的改變，例如：動作、認知、情緒及社會能力是隨著年齡增加而增進（廖華芳，2004）。然而，發展遲緩兒會在某些發展領域中，無法因年紀的增長而增進其發展能力。所以，為了協助家長與教師能夠掌握幼兒的發展狀況，進而針對幼兒的發展需求去設定有效的學習目標，以下提供3～6歲發展年齡的適合玩具及其學習目標。

貳、3～6歲發展領域的里程碑

一、粗大動作發展

　　3～6歲孩子的粗大動作發展，已開始學習特殊技巧或參與一些課外活動，如：游泳、跳繩，同時也喜歡玩遊樂設施，如：鞦韆、單槓（Mulligan，2003）。在這時期，孩子喜歡做跳躍動作、騎三輪車或是兩輪車、翻跟斗、單腳跳、踢球和丟接球遊戲，其所展現的動作品質，也隨著年齡的增長，而更加的成熟靈巧。【表3-1】詳細介紹粗大動作的發展里程碑，並將粗大動作細分為靜態姿勢控制、動態姿勢控制及丟接物體三部分來探討。

二、精細動作發展

　　3～4歲孩子的精細動作發展，會開始操弄一些釦件（如：大鈕釦），雙手能夠靈巧的穿脫衣物，會使用手指前三指的方式握住筆，會仿畫一些簡單的圖形，也會使用剪刀剪形狀圖案，以及利用積木堆疊各種造型（Mulligan，2003）。

　　4～6歲孩子的精細動作發展，則開始會綁鞋帶，學習寫自己的名字，模仿簡單的國字及數字，操弄更複雜的釦件（如：小鈕釦、拉鍊），也會使用筷子吃飯與電腦滑鼠，以及利用積木堆疊更複雜的造型。【表3-2】是一份詳細的精細動作發展里程碑，分基本單手動作與視動協調兩部分探討之（Mulligan，2003）。

【表3-1】3～6歲幼兒的粗大動作發展里程碑

年齡	靜態姿勢控制	動態姿勢控制	丟接物體
三～四歲	●會單腳站立幾秒	●會走直線或沿著圓圈走 ●會不扶欄杆下樓梯 ●會原地單腳連續跳	●會單手過肩擲小球到達3公尺遠的地方 ●會單手過肩擲小球向1公尺遠的大目標物 ●會低手擲小球向1公尺遠的大目標物
四～五歲	●會單腳站立一段時間 ●會模仿別人做3～4個體操動作	●快速跑步時能轉彎或折返 ●會用腳跟─腳趾相接向前向後走直線 ●會雙腳往前連續跳 ●會做出前滾翻動作 ●會跳過25公分高的障礙物	●會用彈跳方式丟小球給對方 ●會雙手接住1公尺遠的大球
五～六歲	●會曲膝仰臥起坐 ●會膝跪地面伏地挺身	●會單腳往前連續跳 ●會做滑步的動作 ●會用跑跳步交換跳 ●會連續跳繩	●用腳接住前方的來球，並將球踢向前3公尺遠

資料來源：整理自王天苗（2004）、協康會（1999）、高淑貞譯（1994）、Folio & Fewell (2000)。

【表3-2】3～6歲幼兒的精細動作發展里程碑

年齡	基本單手動作	視動協調
三～四歲	●會有手指移動物體的能力，如：用手指分開兩張輕薄的紙張，手指在筆間調整適當的位置等 ●手指會發展旋轉的複雜能力，如：用手指旋轉錢幣超過180度 ●能以大拇指依序與其他四指指腹互碰	●會畫一條長約10公分長的橫線 ●會仿畫「十」 ●會用剪刀沿著粗線條剪 ●3歲會用6塊積木於17秒內堆疊金字塔 ●3歲半會用6塊積木於11秒內堆疊金字塔
四～五歲	●單手手掌握住一個小物體時，手指做出移動或是旋轉另一個物體的能力，如：手掌握住橡皮擦，同時間手指握住筆寫字 ●握筆姿勢是採用靜態式三指握筆姿勢	●會仿畫「□」 ●會對齊邊，把紙對折 ●會用剪刀剪正方形與圓形 ●能在粗輪廓的不規則圖形內著色 ●4歲會用6塊積木於9秒內堆疊金字塔
五～六歲	●將手部基本動作發展得更靈巧 ●採用動態式的三指握筆姿勢（筆能在虎口間隨意轉動）	●會仿畫「◇」 ●會摺出有造型的摺紙作品 ●4歲會用6塊積木於7秒內堆疊金字塔

資料來源：整理自王天苗（2004）、協康會（1999）、高淑貞譯（1994）、Folio & Fewell (2000)。

三、認知發展

　　根據皮亞傑認知心理理論，3～6歲發展屬於前運思期，這時期的發展任務主要是學習語言與符號的運用，了解事物名稱與事物間的簡單關係，並能夠理解簡單事物概念、直覺思考、學習類別、部分與整體觀念，同時具備簡單思維的分類與配對能力（廖華芳，2004）。

　　【表3-3】是一份詳細的認知發展里程碑，並區分專注力、記憶、推理思考、概念和基本學科等五個部分說明之。

【表3-3】3～6歲幼兒的認知發展里程碑

年齡	專注力	記憶	推理思考	概念	基本學科
三～四歲	●注意力約3～5分鐘	●有能力複誦3～4個數字	●能知道東西之間的關係	●了解自我 ●有性別、大小、形狀、顏色、長度、空間等概念	●會唱數1～10 ●會認讀1～10數字 ●會數物件1～5
四～五歲	●可持續10分鐘左右	●有能力複誦6個數字	●能指出或說出錯誤或不合理處 ●會想辦法解決問題	●有量、時間、速度的概念	●會唱數1～20 ●會數物件1～10
五～六歲	●可持續15~20分鐘	●會詳細重述故事內容	●會回答「如果……，你要怎麼辦？」的問題	●有左右的概念 ●會看時鐘	●會唱數1～100以上 ●會數物件1～20 ●會簡單加減 ●會分辨錢幣

資料來源：整理自王天苗（2004）、協康會（1999）、高淑貞譯（1994）、Folio & Fewell (2000)。

參、增進3～6歲幼兒的粗細動作能力及其適合玩具

為了增進孩子的發展能力，我們可以根據上述的發展里程碑內容，讓孩子多練習外，也可以增進粗細動作的基本要素為學習目標，為孩子尋找適當的玩具及安排合適的活動。【表3-4】是3～6歲幼兒粗細動作的學習目標與適合玩具的建議表，另附上相關的玩具圖片說明之。

【表3-4】3～6歲幼兒粗細動作的學習目標與適合玩具的建議表

年齡	學習目標	目標釋義	適合玩具與活動
粗大動作	增進身體力量	軀幹、上肢、下肢肌力	單槓、彈跳床（圖1）、跳繩（圖2）雙手撐地（圖15）
	增進雙腳與單腳跳躍能力	雙腳、單腳向各方向跳躍，連續跳躍	彈跳床（圖1）、跳繩（圖2）跳遠玩具、跳障礙玩具
	增進平衡能力	靜態與行動下的平衡	平衡木（圖3）、蹺蹺板踩高蹺（圖12）、鞦韆
	增進動作協調能力	兩側動作協調、動作靈巧度、動作計畫	飛盤（圖16）、彈跳球（圖14）跳繩（圖2）、棒球玩具組（圖4）踢球玩具組（圖5）、黏性丟接球板（圖11）
精細動作	增進手掌握力及手指指捏力量	抓握力量、大拇指與其他指的指捏力量	水槍、曬衣夾、硬式黏土、造型打孔器（圖6）握力器、橡皮筋、單槓、拔釘子
	增進手指個別獨立動作能力	單手手指做出個別動作，如：手比數字、做蓮花指動作	橡皮筋、比手畫腳遊戲、比數字遊戲
	增進複雜手指間操弄物體能力	手指間做移動物體或是旋轉物體動作（詳見【表3-2】）	錢幣套套組（圖7）、搓小黏土、撕紙遊戲洋娃娃（圖8）
	增進視動整合能力	兩手互動、手靈巧度、手眼協調	美勞遊戲（撕紙、摺紙、剪紙、著色、畫圖）樂高遊戲、積木遊戲（圖9）洋娃娃（圖8）、穿線板（圖10）黏性丟接球板（圖11）骨牌遊戲（圖13）、彈跳球（圖14）

資料來源：整理自王天苗（2004）、協康會（1999）、高淑貞譯（1994）、Folio & Fewell (2000)。

【圖1】彈跳床。可在彈跳床上，上下前後左右方向跳躍，或是上下跳躍去拍打懸掛在上方的物體。

【圖2】跳繩。向前搖擺跳躍，或是向後搖擺跳躍。孩童利用繩索練習側邊跳及前後跳躍能力。

【圖3】平衡木。在寬約10公分左右的平衡木上一腳前一腳後走，或是雙腳踮腳尖走。

【圖4】棒球玩具組。將球丟給孩童，孩童瞄準方向揮棒打球。

【圖5】踢球玩具組。小朋友站在不同距離遠，對準前方的目標物，單腳將球踢出。

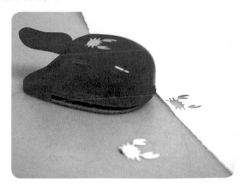

【圖6】造型打孔器。大拇指跟食指用力壓打孔器，在圖案紙上壓出一個形狀。

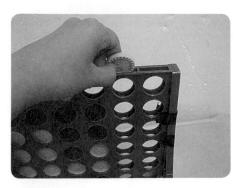

【圖7】錢幣套套組。可以將錢幣放在手掌心，然後單手慢慢的將錢幣移到大拇指跟食指間，再放進錢幣孔中。

【圖8】洋娃娃。幫洋娃娃穿衣服、戴帽子、穿鞋子。

【圖9】積木。模仿別人堆的積木，並注意積木擺放方向的正確性。

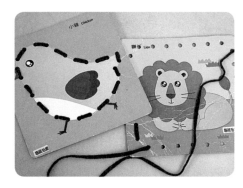

【圖10】穿線板。沿著紙板上洞的方向穿線。

【圖11】黏性丟接球板。兩人玩的遊戲，每人一手握住圓形板，其中一人將球丟出，另一人用圓形板接住球。

【圖12】踩高蹺。雙腳踩在高蹺上，雙手握住繩索，沿著地上的直線，一步一步慢慢的走。

【圖13】骨牌遊戲。將骨牌一個一個等距離的排成造型形狀。

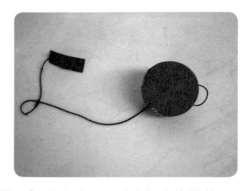

【圖14】彈跳球。一手中指含住線的一頭，手掌握住球，將球丟出彈出後，再接住球，來回的丟接住球。

【圖15】雙手撐地。雙手撐地下玩遊戲，可以增進上臂及軀幹的穩定度及力量。

【圖16】飛盤。兩人互相玩飛盤。

第四章　給我一百個自製教具的理由

陳冠舟 ｜ 台南師範學院特教系學士、高雄縣文山國小特教老師
伊甸基金會鳳山區兒童早期療育發展中心社會役班長

「市面教具的種類繁多，真不知道該如何選擇？」這是家長與教師的普遍心聲，如何為孩子找出「對的教具」，讓教具與學習相輔相成，是陪伴孩子成長的重要學習課題。

依照教具的取得方式，大致可分為自製教具與現成教具，在教具的使用上，除了個人使用的偏好外，充分的掌握教具在整個教學上的意義與效益，才是重點的所在。值得一提的是，當教科書所附的教具種類不足以應付教學情境及對象，或市售教具太昂貴，或教具製造商動腦的速度，未能趕上孩子變化的速度時，就有必要自製教具了。自製教具一如量身訂做的衣服，最能符合孩子的能力需求，並讓教學功效發揮極致。此外，「動手玩創意」更是自製教具最獨特的優勢魅力，是值得大人多多去嘗試，動手去玩出教具的創意與不凡！

自製教具，除了可以彌補市售教具的不足，以及展現巧思創意外，自製教具所延伸的附加效益，更是投入自製教具行列的好理由，也因為智慧與知識產能的無價，每一個自製教具的理由，都能夠發揮十倍以上的價值效益。所以，接下來，就是要給你一百個做教具的理由。

1. 可用生活周遭的素材予以製作，既節省荷包且落實環保。
2. 可滿足課程內容的變化性，創造多元化的教學環境。
3. 可依孩子的個別差異及需求去設計，實施適性化教學。
4. 可依對孩子的了解，針對情境而設計教具，實踐因材施教。
5. 可滿足教師的個別差異，依照對教具設計的了解，讓教具做有效率的運用。
6. 可激發教師的創意、專業的再精進，研發出更適合的教具。
7. 可凝聚及結合不同教師的專長，有助專業間的交流學習。
8. 可讓教師與學童共同設計教具，培養師生齊創作的精神。
9. 可具體展現第一線教師的豐富教學經驗與教學研發成果。
10. 教具較有變化，生動而不死板，有助引發孩子的學習動機。

如果，現在你的腦中有著許多關於教具的想法，那麼就即刻點燃你的想法與創思，動手做教具吧！讓做教具的一百個理由，在你的生活或教學中發酵，樂享滿滿的收穫！

第五章　自製教具的材料與工具大蒐秘

陳秀萍 ｜ 樹德科技大學幼保系學士、小晶與小亮的樣媽咪
伊甸基金會鳳山區兒童早期療育發展中心教保老師

什麼樣的教具才算是好的教具？一份教具若是製作的相當精美，但卻不實用、缺乏創意，或運用大量的紙類與布類，或是具有操作不便等問題，都不能算是好教具。好教具應該符合下列幾項標準。

一、符合教學目標、操作方便、可重複使用性

單一功能的教具，往往讓人使用一次後就放置一旁，甚是可惜，好的教具可以發揮多項功能，達到一魚多吃的目標。

二、內容具趣味性

為教具設計新奇有趣的遊戲方式，可使幼兒在愉悅的氣氛中，反覆操弄，激發幼兒操作學習的動機與能力。

三、取材經濟性

教具製作應從日常生活中取材，用最省錢的方式製作，才符合經濟效益。

四、構思創造性

教具若在內容或形式上與眾不同，別出心裁，可以大大的增強幼兒自行操作的動機。

五、選擇安全性

自製教具在製作時，需特別留意角、邊是否危險？零件是否過多？塗料是否有毒？繩線是否有繞頸的危險等疑慮，任何教具素材的選擇，皆須以安全為第一要務。

當我們知道什麼是好的教具，接著，自然少不了設計教具所需的基本工具與素材囉！本文所介紹的工具，大多可以在書局或文具行買得到，少部分則需要到美術工藝材料行買。要提醒您的是，您並不需全套購買，而是依您所要製作的教具教材而定，當然也可以依您個人使用的工具習慣而採購。還有，有些素材是可以取材自日常生活中，不一定要花錢購買喔，例如：餅乾盒，或是飲料的包裝，只要加點小巧思，就可以為生活加分不少！以下即介紹幾種基本工具材料的應用，供您參考。

剪裁工具

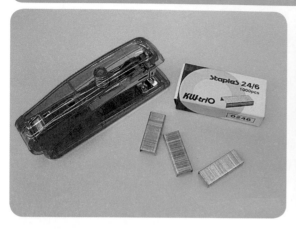

訂書機

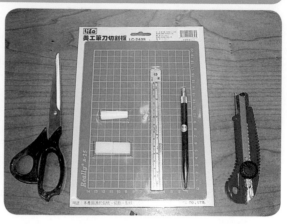

剪刀、切割墊、美工刀 、鋼條切割尺

愛的小叮嚀

★訂書機的功用：固定數張紙張同時剪裁，可避免剪裁時紙張滑動。

★切割墊或厚紙板：切割時要記得使用，才不會讓桌子成為大花臉。

★剪刀及美工刀：隨時檢查刀片是否銳利，鈍鈍的刀片是會影響裁剪美觀喔！

★鋼條切割尺：書局可以買到，它可以幫助您在切割時，不會傷到尺本身。

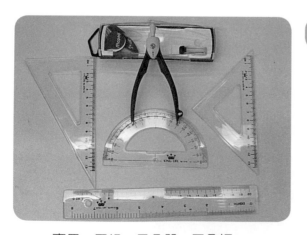

直尺、圓規、量角器、三角板

尺規工具

愛的小叮嚀

★圓規：善用工具畫圓，如此可以依照自己的意思，畫出大小相同的圓圈了。

黏貼工具

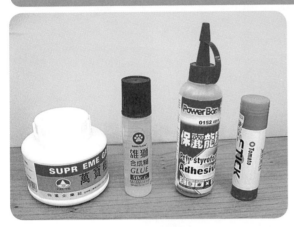

樹脂、膠水、保麗龍膠

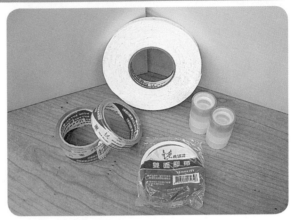

膠帶、彩色膠帶、雙面膠帶、泡綿膠帶

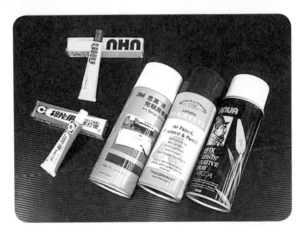

3M噴膠、相片膠

愛的小叮嚀

★黏貼的工具：應慎選教具的接合素材，方可增添教具的質感與美觀。

★3M噴膠：可應用於較大版面的黏貼，將可更省時及方便。

★泡綿膠帶：使用它，會讓教具看起來，更有立體感呢！

各式紙張

皺紋紙、粉彩紙、雲彩紙

★紙張：可選用粉彩紙或丹迪紙（約140磅），色彩鮮豔多樣，很適合做紙雕。若使用其他的美術紙，建議勿選用超過200磅的紙，如此才可以表現出較佳的壓凸及雕塑的效果。
★常用的紙張：書面紙、丹迪紙、粉彩紙……等，文具行或美術社就買得到喔！

保護工具

亮光漆、各式噴漆

★亮光漆與各式噴漆就像是教具的外衣，是延長教具壽命以及增加教具質感、整體感的最佳幫手唷！
★使用噴漆時，要注意噴的距離、角度及整體的勻稱度，才能幫教具穿上一件美麗的衣裳喔！

上色工具

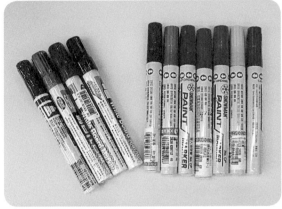 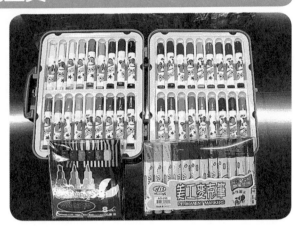

各式粗細麥克筆、六角筆、彩色筆

愛的小叮嚀

★麥克筆或簽字筆：運用粗細不同的筆，並配合紙張的顏色，就可以畫出許多不同造型格子紙或圖案紙。

★若是能適當的在紙張物品上上色，會更添色彩的豐富性。

★麥克筆的選擇：因麥克筆書寫或繪圖之處，都會影響教具製作的整體感及教具本身的質感。選用麥克筆時，要注意筆頭的粗細、書寫角度、下筆輕重及筆本身的性質（水性或油性）！

特殊材料

愛的小叮嚀

★子母粘：常用於教具的撕貼、開合及教具外層袋子製作的保護黏貼。

★彩色標籤：用於教具中的重點提示、大小的比較及視覺的追蹤效果。

子母粘（俗稱魔鬼粘）　　　　彩色標籤

環保素材

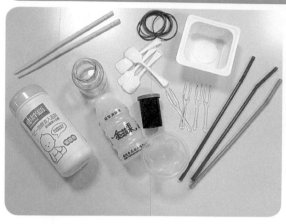

筷子、吸管、果凍盒子、養樂多瓶
水彩空瓶、橡皮筋、底片盒

毛線、釣魚線（或風箏線）
金線、保麗龍球

★看！教具製作的素材，都可從日常生活中取得，不一定要花錢購買。

★這些特殊的素材，能夠做出各種可愛的立體裝飾及物品。

★日常生活中，不論是何種物品，例如：餅乾盒、飲料的包裝，只要加點小巧思，就可以為
　生活加分！

特殊工具

熱熔槍

各式圖案打洞器

花邊剪刀

★熱熔槍：對於特殊的素材都可使用，用來做「型」的固定，例如：木材的固定、壓克力板的固定……等，連接處可是既美觀又牢固，而且還不會影響到教具本身的質感。

★打洞器：常用於數量的配對、花邊的設計、版面的構圖與點綴，以及手功能的協調訓練等。

★剪刀的使用

(1) 圓要剪得好，不但被剪的紙要轉動，剪刀也要沿邊轉動，如此剪出的圓才會漂亮。

(2) 一般剪刀不適合剪鐵絲，以免破損、缺口。

(3) 宜區分剪裁布和紙的剪刀，才能提高剪的品質。

特殊工具介紹

1. **子母粘**：可向醫療器材行直接購買整捆的，會較為划算，粗、細各一捆約850～900元左右，但要購買有附背膠的，才方便黏貼喔！

2. **護貝機與護貝膠膜**：常用的護貝膜規格，有名片型、A4、4×6相片型，而護貝機又分為一般型與冷熱兩用型護貝機，至於機種的選擇，則依個人的需求選購之。

3. **影像處理軟體**：影像軟體（如：非常好色、PhotoImpact），在圖卡或文字的編輯上非常好用。目前時下大都以非常好色的應用居多，因為它操作起來簡單又方便，很容易上手，而且題庫內容可是豐富與實用性兼具！此外，它符合護貝膜的尺寸規格，不需費時另外剪裁（特別是海報及名片的製作）。

4. **動畫軟體**：不需具備高深的電腦專業技能，透過最簡單的PowerPoint或Flash，老師一樣可以設計出既簡單又好玩，且又能符合自己教學內容的動畫式教材教具。

5. **相機**：數位相機會比傳統的傻瓜相機來得經濟，且時效性也佳。若使用傳統型相機時，記得在沖洗相片時順便加燒成光碟，方便日後修邊使用。

6. **剪刀的種類**

(1) 事務剪：一般紙張均可使用。

(2) 尖嘴剪：尺寸較小，適合剪較細微的部分。

(3) 花邊剪刀：適合用在教具花邊、葉緣、衣服的蕾絲、花瓣……等處的設計。

第六章　自製教材教具放大鏡

伊甸早療團隊教保群

　　「自製教材教具放大鏡」，就是要帶領讀者一窺自製教具的奧秘，並邀請您嚐嚐伊甸教保老師群精心自製的「私藏菜」！

　　本章內容的編排，是依孩子的發展領域，將自製教具做分類，分四個章節介紹之。

　　第一節「感官知覺類」，內容包括視覺類、聽覺類、嗅覺類、觸覺類及多種感官類的自製教具介紹，引導您如何應用幼兒與生俱來的寶貴感官功能，透過教具的把玩，提升孩子的感官知覺敏銳度。

　　第二節「動作發展類」，介紹粗大動作與精細動作的教具類，著重在手部操作、運筆、居家手部操作及美勞活動的教具設計，可做為預備進入幼托園所或小學的先備能力。另也包含部分自我獨立照顧的功能性教具。

　　第三節「認知概念類」，重點在闡述提升幼兒專注力、記憶力、推理思考、數的概念與閱讀能力的教具，是入小學先備的能力。

　　第四節「社會溝通類」，溝通能力包含理解與表達，藉由鳳山早療中心融合班自主式學習的教具，及應用綜合溝通法的概念，幫助語言溝通能力較弱的幼兒，創造溝通的情境及機會。社會情緒側重互動遊戲的介紹，以培養幼兒輪流等待，以及遊戲規則概念的形成。建立幼兒團體互動及結交朋友的能力，穩定前運思期的發展。

第一節　感官知覺類

　　大多數的幼兒，很喜歡透過看、聽、摸、聞、嚐等感官知覺操弄物品，事實上，經由感官機能的具體操作學習，比依靠語言之抽象說明，更容易幫助幼兒理解吸收並得到滿足。

一、視覺類

　　　　視覺類的教具，很適合給予1～2歲的幼兒玩弄；也適用於視功能發展受損但仍具有剩餘視力的幼兒視力的開發。基本上，幼兒用眼睛看，需要具備對焦、追蹤與搜尋的三項基礎能力，視覺行為分三大類，也是本章節教具設計的目的所在，為了要幫助幼兒發展視覺的注視、辨識能力及引發動作的展現（引自財團法人第一社會福利基金會譯，1994）。

　　1.視覺注意：

　　　　(1)定點對焦：固定注視物品的能力。

　　　　(2)追蹤：眼睛能隨著物體的移動、眼睛活動的控制能力。

　　　　(3)搜尋：從一堆物品中搜尋出特定物件。

2.視覺辨識，如指認圖片和人、實物與配對。

3.視覺引導動作，如伸手取拿玩具、模仿肢體動作等。

視覺類教具放大鏡

（一）輕輕鬆鬆改裝市售物品

將下列物品加以變裝一下，就可以用來吸引孩子的注視力，建立孩子用眼睛看的能力與習慣喔！

1.彩球：運用聖誕節裝飾彩帶黏在球上，懸掛並旋轉之。

2.聖誕鈴鼓：鈴鼓繞上聖誕燈圈，燈光易吸引孩子的注視。

3.小蠟燭：點燃火光吸引幼兒注意，吹熄也是一種樂趣。

4.鐵罐：將罐子鏤空後，裝上燈泡，閃爍時會很吸引孩子的目光。

創意好好玩

「聖誕鈴鼓」

目標：建立用眼睛看的能力與習慣，誘發
　　　拍打的動作及語言互動。

材料：鈴鼓、聖誕燈管、電線、插頭。

玩法：大人拍鈴鼓，「孩子，看這裡」，
　　　或配合兒歌節奏童謠等。

「魔術師」

目標：建立用眼睛看的能力與習慣。

材料：萬聖節飾品、燈泡、燈頭、電線、插
　　　頭。

玩法：口數「一二三～亮」，「一二三～暗
　　　矇矇」。大人用較誇張的語調，配合
　　　口語開關燈。也可引導孩子說「亮與
　　　暗」，或以手拍，配合開關燈。

您感受到孩子的喜悅嗎？改裝物品並不難！讓我們一起來享受動手DIY的樂趣吧！

（二）引導「注視」的教具

創意好好玩

1.亮與暗的應用

「搖搖杯」

目標：訓練視覺追視、搖的動作，學習「亮與暗」、「搖一搖」的認知概念。

材料：平蓋式透明塑膠杯、黑色膠帶，以及夜市購買約50元的螢光燈。

製作：將螢光燈放入平蓋式透明塑膠杯內，再用三段黑色膠帶從蓋子上方底部黏緊。

玩法：經搖動碰撞後螢光燈會發亮，在暗室或夜間玩，效果會更明顯。

2. 轉轉轉

「愛的小叮嚀」
寶特瓶切割時，
要小心！

「歡樂鈴鐺」

目標：藉顏色及聲音吸引孩子，鼓勵孩
　　　子自行旋轉，讓鈴鐺滾入內瓶。

材料：大小塑膠餅乾盒各1個、彩色鈴
　　　鐺約10個。

製作：移除小塑膠盒蓋後，將瓶子下方
　　　黏著於大餅乾盒底部中間，放入
　　　彩色鈴鐺，再將大塑膠盒蓋上蓋
　　　子，用膠帶黏緊，即完成。

玩法：看誰能在最短的時間內，將鈴鐺
　　　滾至另一層的塑膠盒中，很具挑
　　　戰性！

「蝴蝶飛」

目標：追視、轉的動作訓練。

材料：寶特瓶、塑膠蝴蝶貼紙、小玻璃珠。

製作：1. 將寶特瓶側邊割出長條缺口，並使
　　　　 割下的塑膠垂下。
　　　2. 貼上塑膠蝴蝶貼紙，使其呈現蝴蝶
　　　　 在飛動的懸吊感。
　　　3. 寶特瓶底部放入約10顆小玻璃珠。

玩法：懸掛後，將寶特瓶轉至極限，放開後
　　　，蝴蝶就會隨著離心力翩翩飛舞。

3. 為躺著的孩子設計的飛舞彩虹

「飛舞的彩虹」

目標：訓練視覺追視、手臂肌力，以及
　　　誘發抓、翻、身體移動的能力。

材料：約60公分長的木桿1枝、剪裁60公
　　　分的長條彩色皺紋紙、繩子。

製作：將長條皺紋紙黏貼在木桿上，用
　　　繩子綁在木桿兩側而懸掛之。

玩法：看！小莉嘉努力的翻動身軀，爬
　　　起來要抓彩帶！是不是想嚐嚐看
　　　「味道」如何呀！

4.上下的追視

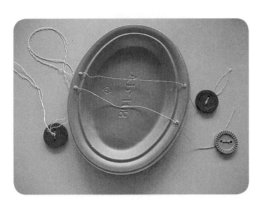 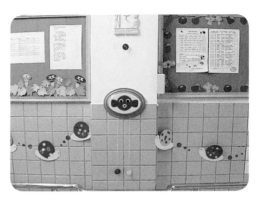

「小鳥飛上天」

目標：上下追視、雙手往兩側向外拉的協調練習。

材料：塑膠盤、魚線、有洞可穿線綁住的塑膠圓扣。

玩法：吊掛在素面牆上，讓孩子可自在操弄雙手將拉繩往兩邊外側拉，小鳥會往上飛。

5.瓶子的運用

「彩瓶亮晶晶」

目標：吸引幼兒注意看、從上到下追視、同時訓練口語「看、亮晶晶、好美喔！」等。

材料：寶瓶特、各色金蔥（小亮片）、水。

玩法：將金蔥加入瓶中並搖一搖，讓金蔥在瓶中緩緩降落，吸引幼兒上下追視，大人配合口語「看、亮晶晶、好美喔！」。

延伸玩法：利用手電筒投射，可以提升小亮片的清晰度喔！

「海洋世界」

目標：「浮沉」的實驗、訓練上面
　　　與下面的追視及注視。

材料：中藥浸補用的罐子、會浮起
　　　或沉下的玩具。

玩法：讓孩子觀察或預測物件丟下
　　　水後，會浮起或沉下呢？

「wisky」

目標：訓練前後追視及推的動作。

材料：含架子的「wisky」瓶、玻璃珠。

玩法：用手推推瓶子，玻璃珠隨著瓶子
　　　前後擺動，會發出清脆悅耳的撞
　　　擊聲喔！

元氣加油站

如何建立幼兒「注視」的能力？

　　大人面對幼兒時，要親切的呼喚他的名字，且儘可能的豐富化並誇大臉上的表情，並善用顏色、動作、聲音與驚奇四大要素，來吸引孩子的注意，例如：咧出牙齒再藏起來、轉動舌頭、張開眼睛、閉起眼睛、嘴巴嘟弄成不同的形狀、製造「ㄅㄚ　ㄅㄚ」、「喵　喵」、「汪汪汪」……等擬聲詞。當孩子被你吸引後，引導孩子注視某一定點，然後改變上下左右等不同的方向。

　　「伸縮布偶」就是吸引幼兒「注視」很好的玩具之一，在孩子尚不能操作自如之時，小小雙手需要一起併用，才能讓「伸縮布偶」上上下下、裡裡外外。當孩子能熟練的操弄「伸縮布偶」來逗弄人，製造驚喜時，這玩具就可以功成身退了！

Follow me!
「伸縮布偶」的製作方法

1. 用絲襪包住保麗龍球，毛線當頭髮。
2. 製作布偶的五官。
3. 將約45公分長木棒，插在保麗龍球當作脖子。
4. 毛根綁上當手臂。
5. 用布製作衣服及小蝴蝶結。
6. 將布套到手臂上，再製作手掌。
7. 將寶特瓶切半，瓶身用布包起當下半身。
8. 用另一半的寶特瓶切下用布包好，做腰帶。
9. 將衣服黏在腰帶內側。
10. 將木棒穿過下半身的寶特瓶口。
11. 將腰帶與下半身的寶特瓶口黏緊，即完成。
12. 留意布偶的身體與底座要綁緊，厚重的材質妨礙伸縮，太薄的材質易破，顏色搭配要鮮豔。

（三）幫助追蹤物體移動的教具

創意好好玩

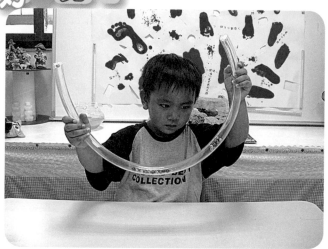

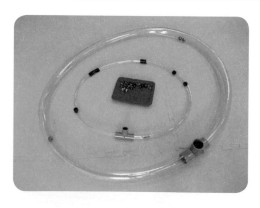
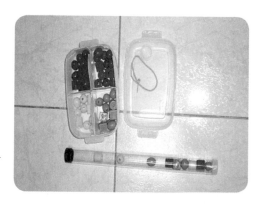

透明管的運用
到五金行採購透明管、三孔接管、珠子、串珠等，在透明管的一頭或雙頭加上塞子，就可變化出多種玩具及玩法，您不妨試試看！

如何吸引幼兒「追蹤」物體移動能力？

　　吹泡泡是一項最容易成功吸引幼兒「追蹤」物體移動的工具與遊戲，看著彩色泡泡和緩的飄，陣陣歡樂也隨著飄來，可說是最好玩不過的「追蹤」活動。

●泡泡水的製作方法

　1.適量的油（沙拉油、甘油、嬰兒油皆可）＋糖＋水＋肥皂或洗碗精。

　2.利用切塊的肥皂，優點是較溫和不具刺激性，缺點是不易起泡。

　3.少量洗碗精加入適量的水。優點是易起泡，缺點是較具刺激性，會引起過敏。

●泡泡的顏色調配方法

　1.加入水彩時，吹出來的泡泡顏色較淡。

　2.加入廣告顏料時，吹出來的顏色較濃，效果較好。

　3.加入墨汁時，吹出來的顏色很明顯，且泡泡不易破。

●大泡泡的製作方法

　1.加入甘油，可以吹出更大更有張力的泡泡。

　2.將衣架彎成1個大圓圈，越圓越好，衣架的頭當做握柄，接著將粗毛線纏繞到衣架上，這樣可以吸收更多的泡泡水溶液，做出更大的泡泡。

好棒！吹出一個大泡泡了……

哇！泡泡飛走了……
沒關係，我再吹一個大泡泡給你

自創教具 挖挖哇！

愛的小叮嚀
切割果凍罐時，
要小心！

名稱	**會跑的烏龜**
適用年齡	2～6歲
設計者	顏翠汶
目標	1.訓練直線追視能力。
	2.強化因果連結概念。
材料	棉繩、果凍罐、珠子、三條橡皮筋、膠布、活動眼睛、貼紙、西卡紙、1顆電池。
製作	1.將果凍罐利用西卡紙、活動眼睛、貼紙製作成烏龜的樣子，並在底部刺一小洞，兩側各割兩刀備用。
	2.用一橡皮筋套在直立的二號電池上，並用膠帶固定，再用兩條橡皮筋套在電池兩端的橡皮筋上。
操作	1.用左手壓住烏龜，然後右手拉烏龜背上綁著珠子的繩子。
	2.繩子拉到底後放開，這時候烏龜就會自動向前爬囉！

愛的小叮嚀
焊接銅片時，宜注意安全並避免幼兒將燈泡拆下放入口中。

名稱　　　**大船入港**

適用年齡　3歲以上
設計者　　鄭淑翠
目標　　　1.增進手眼協調的能力。
　　　　　2.提升追視物件的能力。

材料　　　寶特瓶、罐蓋、小竹籠、瓦楞紙、木棒、有色膠帶、燈泡、蜂鳴器、
　　　　　電池、電線、焊條、銅片、錫箔紙或改良式開關。

製作　　　1.瓦楞紙剪裁成輪船形狀，用有色膠帶包在外面，銅片焊接在電線上。將之隱藏
　　　　　　在船底，待用。
　　　　　2.寶特瓶、罐蓋、小竹籠挖一小洞，燈泡固定在上面，將電線焊接在燈泡下端，
　　　　　　延長至下銜接蜂鳴器，並把蜂鳴器固定在瓶側，電線接至電池箱。
　　　　　3.利用錫箔紙將木棒包裝成導電體，取膠帶從中黏起做成絕緣區，並接上第2步
　　　　　　驟的電線即可。

操作　　　1.將燈塔、錫箔棒、電池箱、輪船擺放適當位置，再打開電池箱開關。
　　　　　2.輪船放在錫箔棒上，從甲端慢慢駛向乙端；前進時放慢速度，讓幼兒追視船體
　　　　　　及尋找音源或光源。
　　　　　3.當輪船行經錫箔棒上的紅線時，因為該部分為絕緣區，所以不會有聲音及光源
　　　　　　出現；此時，可等待觀察幼兒是否察覺異處？再加上口語提示：「哇！沒有聲
　　　　　　音。」或「好亮喔！」
　　　　　4.幼兒獨自操作時，可以訓練其手過中線的能力，及提升對物件操作的平衡性。
　　　　　5.可將燈塔藏起來行駛，培養幼兒主動尋求聲音的能力。

(四) 幫助學習搜尋的教具

你有過這樣的經驗嗎？抱著孩子時，若是有人從沙發、媽媽的背後或是各種不同的地方，或利用小手帕，不預期的伴隨著聲音蹦出來，幼兒總是吱吱咯咯的笑個不停，大人也同時享受在逗弄孩子的滿足感裡，這就是幫助孩子發展視覺搜尋能力的最佳典型遊戲。

創意好好玩

瑞典老師的「臉譜」

目標：視覺搜尋訓練。

材料：卡紙、彩筆、膠水。

製作：利用二個圓形，繪製紙偶臉譜。

玩法：1. 紙偶臉譜雙面黏著後，放置於合攏的手指上。

2. 臉部表情用誇張對比的手法表現，如：張大V.S.合上的雙眼、高興V.S.傷心的臉。

3. 將套好紙偶臉譜的手暗藏於布簾後面，不預期的躍到坐椅手把上，再藏到別處……，一次又一次，孩子總是流露出渴望再玩一次的表情！

名稱	**送信小熊**
適用年齡	3～6歲
設計者	黃秋華
目標	1.增進手眼協調及雙手操作的能力。
	2.訓練注視及搜尋的反應。
材料	小熊圖卡、各色膠帶、水管、墊片、衛生筷、線軸。
製作	1.先用顏色膠帶，分別將水管及竹筷包起來。
	2.將兩個線軸用橡皮筋串在一起。
	3.將小熊圖卡黏在竹筷上，並夾在線軸上的橡皮筋裡。
	4.將製作過的線軸塞入，包上膠帶的水管裡。
操作	1.調緊橡皮筋，放手讓它轉，觀看小熊旋轉。
	2.可以延伸在小組的遊戲中，亦可延伸做語文遊戲。
	例如：猜猜看小熊旋轉會轉到誰那裡……。

　　視覺類教具，除上述四大類外，還有可以幫助孩子「四處看」、視覺辨識、視覺引導動作的功能性教具，為了便於讀者的閱讀與教具資料完整一致性的呈現，乃將其內容編排在其他相關功能屬性的章節，請參下表的說明。

教具功能	說明	參閱章節
幫助「四處看」	適合較年長的幼兒	本篇第六章第三節「認知概念類」教具
幫助視覺辨識	如：指認圖片和人、實物與配對	本篇第六章第三節「認知概念類」教具
視覺引導的動作	如：伸手取拿玩具、模仿肢體	本篇第六章第二節「動作發展類」教具

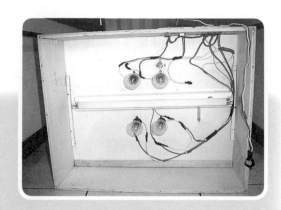

秘密大公開（一）：視覺箱的製作與運用

　　適度的光線，使人心情愉悅並帶來希望，可以適時的利用「光」來誘發孩子的學習。假若，您不擅木工與電工，可向第一社會福利基金會購買視覺箱；也可以請木工或水電工協助您製作，成本不高，自己做比較有成就感哦！

視覺箱的功能

1. 可引導孩子目光的注意（視覺注意）。
2. 可引導孩子凝視燈箱上的物品。
3. 可作為視覺功能訓練：光源覺、視覺掃描、辨識、配對、分類、物體的圖形、顏色、形狀、路徑追蹤等能力評估及訓練。
4. 延伸活動：遊戲與戲劇欣賞。

視覺箱的製作

1. 材料：木板、電池或插頭、開關、電線、透明玻璃毛玻璃或壓克力板。
2. 尺寸：長65cm×寬24cm×高33cm（可自行調整設計）
3. 小撇步：
   (1) 電燈瓦數可自行調整。
   (2) 使用透明玻璃與毛玻璃，做為夾層，上下間隔約1公分。
   (3) 利用黃、紅、黃、藍、黑等不同顏色的塑膠片，插入夾層中，讓孩子體驗不同的視覺感受。
   (4) 試試看將塑膠片刻出各式圖形，幫助孩子看清楚物品的輪廓。

各種視覺箱的應用

（一）利用壓克力製成面板之視覺箱

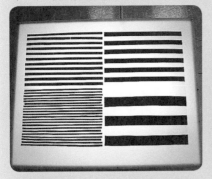

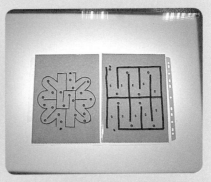

「線條圖」刺激視覺對黑白色
對比的感覺。

「串珠」運用在手部操作。

「迷宮」運用在紙上作業的平
面操作。

（二）桌上型視覺箱

提供實物及原級刺激（如：食
物），誘發孩子看的意願。

「桌上型視覺箱」架在現有的
教室桌上。運用在認知配對的
教學。

「動物皮影戲」運用在語言、認
知、注意力的訓練及戲劇欣賞。

 元氣加油站

秘密大公開（二）：溝通器的製作與運用

溝通器的功能

1. 能引導幼兒凝視每一格子內的物品。
2. 能訓練幼兒視覺掃描：由左（右）到右（左）亮燈，訓練幼兒的視覺掃描能力。
3. 能引導幼兒表達需求：將物品放入燈箱中並打開燈，讓幼兒選擇，幼兒可直接拿取，亦可將燈按熄來表達需求。

溝通器的製作

材料：木板、電池或插頭、開關、電線、跳燈。

尺寸：長45cm×寬10cm×高15cm。

製作：水電工會是您的好幫手，將您的需求告訴他，就可以製成了。

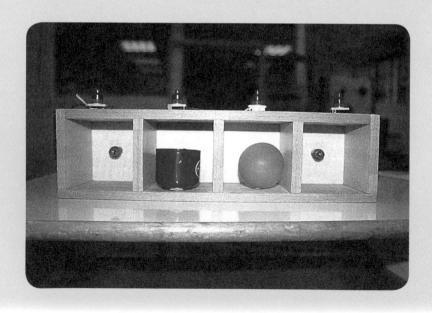

二、聽覺類

　　常看到懷孕媽媽不斷的摸著肚子，喃喃的對著裡面的胎兒說話，也常聽到許多人強調胎教的重要性：懷孕期間最好避免處在吵雜的環境中，應儘量聆聽愉悅柔和的音樂。許多人不禁持著疑問，孩子那麼小都還沒出生，聽得到我們說話及外界的聲音嗎？答案是肯定的！事實上，胎兒於母體子宮裡第20週，耳蝸的功能就存在，在第28至30週已開始運作，所以，可是不能小看胎兒的聽覺功能喔！【表6-1】介紹學齡前的兒童聽覺功能發展階段，做為教具設計與目標訂定的參考。

【表6-1】學齡前的兒童聽覺功能發展階段

新生兒	對較大聲音有驚嚇反射、眨眼反射，或其他身體的運動。
3個月大	開始發展出基本聽覺辨識能力，如：能辨別媽媽的聲音，或對不同音調有不同的反應等，尤其偏好高音的聲音。
5個月大	較喜歡視覺上的刺激，對熟悉人的聲音反而置之不理。
6個月大	已有尋找聲源的能力，如：轉動眼睛或頭部。
6～9個月大	對聲音的音調、韻律、速度、抑揚會特別注意。喜歡說說唱唱，做牙牙學語聲，如：咯咯咯不停的重複。
9～10個月大	對明顯的抑揚頓挫聲音，特別感到興趣。語言的辨別力，也有良好的發展，開始有區辨聲音意義的能力，如：會對不同的聲音或音調做選擇性的反應、知道自己的名字等。
1歲	能發展出較成熟的聽覺區辨能力，能配合聲音指令做出正確的動作，並能分辨少許不同的旋律，而有不同的喜好反應。
1歲半	開始能辨別出更多元的物件聲音，如：電話鈴聲、門鈴聲等等，同時也能聽得懂更多的口語指令。
2歲以後	發展較成熟的聽覺記憶能力，並能記憶簡單的旋律。
3～4歲左右	發展出較成熟的聽覺功能。
4～5歲	具有聲音的辨別能力，神經肌肉之協調和能模仿成熟的構音能力。

參考資料：林寶貴（2005：290-291）、陳華櫻（2005）。

(一) 嬰幼兒於各個年齡層所達到的聽覺功能發展階段

　　當孩子玩弄聲音的遊戲時，不但會不經意的提升了「聽」的技巧，同時也會增加聽覺記憶銀行的儲存量。發展過程中，每一個孩子都應建立下列三項的基本聽覺功能。

　　1. 察覺聲音：對聲音有反應，能找尋音源。

　　2. 分辨聲音：能夠區辨環境音和語音，如噪音與機械音；環境音及聲音的特質，有大小、長短、高低、次數與快慢。

　　3. 分辨語音：能分辨說話聲，如：不同人說話、語調、大小等等。

　　聽覺功能，是幫助孩子在生活、學習、與人溝通及訊息掌握的關鍵技能，例如：在學習情境中，孩子需要學會能「注意聽」，以蒐集主要訊息，將環境中的噪音過濾掉，掌握學習重點；透過聲音，去察覺分辨環境的變化或是讀出對方的情緒及意涵。同時，聽覺口語治療師認為，強化聽覺對孩子在發展說話、語言、認知、溝通能力時，將能產生良好的循環效應；亦即當聽、說的能力增強時，說話、語言、認知、溝通等能力也會跟著進步（引自財團法人雅文兒童聽語文教基金會，2005）。因此，聽覺功能的訓練，不只是為聽能受損的孩子，更是每個孩子應開發的潛能。

　　另一方面，單一感官策略或稱聽能訓練法，則強調充分運用聽障兒童的剩餘聽力；即使聽障兒聽得不清楚，還是要訓練他們聽。並藉由助聽器的協助下產生聽知覺，進而能夠辨別聲音與語言，發展語言的理解能力（林寶貴，2005）。Ling等人（1981）也指出，除非聽障幼兒先養成聽的習慣，否則剩餘聽力無法充分發揮（引自張蓓莉，1996）。

　　除此之外，由於學習管道有75%是藉著視覺功能而來，對於視覺功能受損的孩子，更應積極開發聽覺功能以建立代償能力，彌補視覺功能的缺陷，成為他的優勢學習管道，甚至配合特殊方法、教材、設備、觸覺、剩餘視力，以及嗅覺、味覺等「多重感官途徑」來學習。

(二) 會發出聲音的教具

　　為了幫助幼兒對聲音有反應以及會找尋聲音的來源，在生活中應多提供幼兒「聽」的經驗。平常，我們可以帶孩子去尋找聲音的來源，讓環境的聲音和孩子產生聯結，增加孩子自我學習的能力與動機，例如：聽到爸爸的車聲，知道爸爸回來了。還有，也可以與孩子玩「聽聲音找東西」的遊戲，訓練他對聲音的反應。平時也可以請孩子幫個小忙，如：幫弟弟拿尿布，藉此訓練聽覺記憶及執行指令的能力，同時也可讓孩子從中獲得成就喔！

創意好好玩

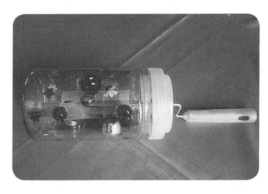

「樂樂手套」

目標：建立找尋音源、雙手共用的能
　　　力、分辨左右手的概念。

材料：手套1對、不同顏色的鈴鐺各5
　　　個。

製作：將鈴鐺縫在手套的手指上。

玩法：1.雙手拍拍玩遊戲。

　　　2.左手舉高高。

　　　3.右手舉高高。

　　　4.跟著音樂拍拍拍。

「搖搖鈴」

目標：建立察覺聲音、找尋音源、追視
　　　的能力，且享受邊唱歌邊伴奏的
　　　樂趣。

材料：空罐含蓋子、鈴鐺、亮片、滾桶
　　　式膠黏拖把軸心、鈴噹10個。

製作：1.先將空罐蓋子穿孔。

　　　2.將亮片貼在空罐做裝飾。

　　　3.放入鈴鐺。

　　　4.滾筒式膠黏拖把的軸心，穿入
　　　　空罐內，即完成。

玩法：1.手握手把轉動，使其發出鈴鐺
　　　　聲。

　　　2.邊搖邊唱歌。

　　　3.隨旋律節奏做伴奏。

創意好好玩

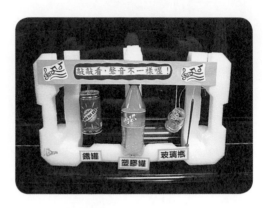

「沙漏」

目標：察覺聲音、追視、拿與放的動
作訓練。

材料：寶特瓶、BB彈、大頭針、透明
膠帶。

製作：將大頭針插入寶特瓶並放入BB
彈，完成後在寶特瓶外黏上透
明膠帶，防止大頭針掉落。

玩法：利用「沙漏」原理，將寶特瓶
上下輪流倒置，使BB彈撞擊瓶
內的大頭針後掉落，並發出聲
響。

「環保樂器」

目標：聲音分辨、敲的動作訓練、認知
「大小聲及不同的素材命名」。

材料：保護電器的保麗龍底座、各種素
材的瓶器、湯匙或木棒。

製作：以保麗龍底座當做框架，裝置上
各類瓶器並作為發聲器，湯匙或
木棒當打擊棒。

玩法：敲敲打打中，獲得聲音回饋。

元氣加油站

你也可以這樣玩的聽覺遊戲

1.找尋音源

　　活動名稱：聽！這是什麼聲音？

　　材　　料：響棒×2、手搖鈴×2。

　　活動過程：1.老師先操弄樂器，讓學童認識不同樂器所發出的聲音。

　　　　　　　2.準備一塊布幕，在布幕前各放一個響棒和手搖鈴。

　　　　　　　3.老師在布幕後面操作手搖鈴使其發聲，讓學童聽！再讓學童指認布幕前的樂器，哪一個與老師在布幕後面操作的聲音是一樣的？

　　延伸活動：可增加樂器種類。材料可改成聽信誼基金會「耳聰目明」錄音帶找圖片。

　　活動名稱：聲音在哪裡？

　　材　　料：鬧鐘、一條毛巾

　　活動過程：1.老師先操作鬧鐘的聲音，讓學童認識鬧鐘所發出的聲音。

　　　　　　　2.將鬧鐘調1分鐘後就會響，並藏在毛巾下面。

　　　　　　　3.鬧鐘響了，讓學童聽！這是什麼聲音？讓學童掀開毛巾，按掉鬧鐘。

　　　　　　　4.再將鬧鐘藏在教室某一角落，讓學童聽！去找正在響的鬧鐘在哪裡？

　　延伸活動：老師帶著樂器躲起來，再操作樂器使其發聲，讓學童聽！去找聲源在哪裡？

　　活動名稱：聽！找一找有這種聲音嗎？

　　材　　料：錄音帶、A4紙數張

　　活動過程：1.大人錄製5分鐘錄音帶，針對交通忙亂時段的街頭，有按喇叭、攤販叫賣聲、警察吹哨、摩托車、汽車、嘻笑聲等。

　　　　　　　2.大人依錄音帶的內容，繪製數份單張圖形，除了錄音帶中意指的圖形外，也要繪製未包含的其他圖形喔！

　　　　　　　3.讓孩子聽音分辨各種不同的聲音，在單張圖形上找一找打勾。

　　　　　　　4.孩子若較小，也可以只要聽，不需要執行聲音與圖形的辨識。

2. 主題與背景

活動名稱：主題及背景聲音的區辨

材　　料：音響、CD片（伊比ㄚㄚ）。

活動過程：1. 老師先讓學童聽伊比ㄚㄚ兒歌。

2. 老師先示範：聽到伊比ㄚㄚ的歌詞就拍一下手。

3. 建立遊戲規則：請學童一起加入。

延伸活動：拍一下手，可改成疊一塊積木。

3. 聲音的速度元素

活動名稱：大、小聲

材　　料：大鼓。

活動過程：1. 老師先示範敲鼓，讓學童區辨大、小聲的不同。

2. 建立遊戲規則：老師敲大聲，學童就要用肢體動作比「大」，若敲小聲就蹲下比「小」，或蜷曲。

延伸活動一：大聲就貼大的蘋果，小聲就貼小的蘋果。

延伸活動二：1. 上述活動加入節奏說白：「大蘋果大蘋果大大大，小蘋果小蘋果小小小」。

2. 建議用誇張及對比的方式，以大聲唸出「大蘋果大蘋果大大大」，以小聲唸出「小蘋果小蘋果小小小」。

3. 孩子熟練後，可將蘋果改為孩子所興趣的其他物品。

活動名稱：快和慢

材　　料：大鼓、手搖鈴。

活動過程：1. 老師先讓學童比大象及小鳥的動作。引導大鼓一慢，代表大象慢慢走，手搖鈴一快，代表小鳥快快飛。

2. 老師先示範敲鼓及搖手搖鈴，讓學童區辨快、慢的不同。

3. 建立遊戲規則：老師敲大鼓，學童就要用肢體動作比大象，若搖手搖鈴，就比小鳥的動作。

延伸活動：聽一首節奏區辨快和慢的音樂，讓學童隨著快和慢的節奏塗鴉。音樂快時就畫得很快，音樂慢時就慢慢畫。若孩子情緒太高昂可暫停音樂，提醒孩子。但仍鼓勵讓孩子在放鬆愉快的情境中，玩弄音樂元素及創作。

名稱	**愛的節奏把手**
適用年齡	2～6歲
設計者	余秀雲
目標	1.增進幼兒對聲音的感受力。 2.培養幼兒的音樂節奏感。 3.訓練幼兒小肌肉的力量。
材料	鈸1對、馬桶水箱把手、木材、釘子、包裝紙。
製作	此教具為樂器改裝，除了達到教學的目標之外，也可增加學習的興趣及達到趣味性的功能。 1.將購買的馬桶沖水把手，穿過木板，吊上樂器——鈸，在木板上量好距離，裁好需要的木板長度。 2.將木板釘成一個箱子，樂器——鈸鑲進板上，再放進木板盒裡，加工包裝，即可玩按壓樂器的遊戲了。
操作	1.先讓孩子用手按壓把手，聽一聽其聲音。 2.按壓把手高或低，敲下來的聲音大小，讓孩子聽音辨識。 3.可以選擇孩子適合的手指謠，或兒歌、童謠，讓孩子配合唱唸的節奏旋律來按壓把手。 4.在樂器合奏時，可讓手功能弱的孩子敲奏。
延伸玩法	利用在表演戲劇或偶戲舞台上，增加音效的聲音效果。

（三）「分辨聲音差異」的教具

超級小鼓手

名稱	**超級小鼓手**
適用年齡	2～6歲
設計者	林美榮
目標	1. 促進聽音辨識能力。
	2. 增進對音樂的興趣培養。
	3. 提升手眼協調能力。
材料	鐵架、鐵絲、鋁罐各1個、鐵罐4個、寶特瓶4個、膠帶、鼓棒2支。
製作	1. 先將鐵罐及鋁罐去掉一邊的蓋子。
	2. 用鐵絲將鐵罐、鋁罐、寶特瓶綁緊。
	3. 將鐵絲綁於鐵架上，固定住鐵罐、鋁罐、寶特瓶。
	4. 在寶特瓶中分別倒入五分及七分的水量。
	5. 在鐵架邊貼上一個去頭的寶特瓶，放置鼓棒，即完成。
操作	1. 先敲打每一個罐子，聽聽每一個罐子發出的聲音。
	2. 可放音樂，配合音樂敲打罐子，敲打製造節奏。
	3. 配合音樂的節奏敲打拍子，如4/4拍、3/4拍、2/4拍。
	4. 可配合其他的樂器，組成小樂隊。
延伸玩法	聽音辨物
	1. 事先聽過每一個罐子敲的聲音。
	2. 一人敲打，一人聽音。
	3. 聽音者轉身，敲打者選擇一個罐子敲打。
	4. 聽音者，辨別聲音由哪一個罐子敲出。

愛的小叮嚀
處理鐵罐時，要小心切割喔！

名稱	迷你爵士鼓

適用年齡　5～6歲

設計者　　龔智惠

目標　　　1.聽覺辨識能力練習。

　　　　　2.節奏感訓練。

　　　　　3.訓練手眼協調及手臂肌力。

材料　　　小樂利包紙盒、鐵罐、塑膠罐、禮盒、木塊及響棒各2組。

製作　　　1.收集不同材質的瓶罐及紙盒2個。

　　　　　2.在紙盒挖出孔徑適合各個瓶罐的洞，再將瓶罐嵌入。

　　　　　3.裝飾紙盒外表，即完成。

操作　　　玩法一【聽覺配對遊戲】

　　　　　1.將藍色及粉紅色的迷你爵士鼓分開，一個給孩子，一個給老師。

　　　　　2.老師先敲，請小朋友聽完後，也找出一樣的。

　　　　　3.建立幼兒有分辨相同聲音的能力之後，在老師及幼兒的鼓之間放上遮蔽物

　　　　　　（不讓孩子看到老師是敲什麼顏色的鼓），讓孩子只以聽覺分辨。

　　　　　玩法二【敲擊練習】

　　　　　1.給孩子鼓棒或湯匙，讓孩子自由敲擊。

　　　　　2.老師可以示範雙手敲或敲固定的節奏，讓孩子模仿。

名稱　　　　**聽覺盒**

適用年齡　　1～3歲
設計者　　　張靜薇
目標　　　　1.訓練幼兒聽力的敏銳度。
　　　　　　2.提高幼兒聽辨能力及聽覺記憶力。

材料　　　　飾盒、綠豆、花豆、串珠、鈴鐺、雪花片、卡紙、護貝紙、子母粘。

製作　　　　1.將同類物品放入飾盒中（綠豆、花豆、串珠、鈴鐺、雪花片）。
　　　　　　2.將卡紙護貝。
　　　　　　3.取出每種物品一個，分別固定每一卡紙上方。
　　　　　　4.於卡紙下方貼上子母粘。

操作　　　　1.將提示卡展開，盒子一字排開。
　　　　　　2.老師可搖動盒子並打開盒子，讓幼兒看盒子內的內容物。
　　　　　　3.將該盒子貼於提示卡上，如綠豆的盒子即貼於綠豆提示卡下方。
　　　　　　4.幼兒自己搖動盒子，並將盒子貼到對的位置。
　　　　　　5.將盒子一一打開，驗證自己是否貼對位置。

製造注意聽的機會

　　您是不是有這樣的經驗，發現孩子「常常是有聽，但卻沒有懂」！若是狀況頻繁建議帶孩子接受聽力檢查，若無異常，孩子可能是在聽理解的處理功能有異常現象。事實上，面對中樞聽覺處理異常的孩子而言，提供「聽」的經驗，會是很好的教育策略。以下提供八點策略，您不妨參考看看！

　　1. 提供清楚的聲音來源。
　　2. 提供適合的學習環境，如：安靜、結構化、受控制的環境。
　　3. 提供聽覺訊息，如：拍肩膀或叫名字。
　　4. 要求雙方相互確認檢查或重述所接收到的重要訊息。
　　5. 提供短暫休息、等待的時間，讓孩子聽覺系統重新組合。
　　6. 允許孩子上課前事先瀏覽新訊息，也協助他能熟悉字彙與觀念。
　　7. 重要課程儘量安排在早上，以免孩子因疲累而產生注意力渙散。
　　8. 提供立即視覺回饋系統，如：使用電腦、鼓勵為自己表現的結果負責。

（四）分辨語音的教具

　　在提供幼兒「聽」的經驗，以提升他們聽知覺以及聽理解的原則之下，將創意及巧思融入教具，使學習環境洋溢著歡笑及樂趣，讓精熟練習可以不必與枯燥乏味掛勾，「我還要玩！」「換我了啦！」，諸如此類的學習情緒此起彼落，不絕於耳。

　　教具人人會做，巧妙各有不同，藉著以下教具，讓創意激發創意，使教具能變換各種不同玩法或是啟發老師的巧思製作更多教具，以廣收拋磚引玉之效，將是孩子們最大的福音！

創意好好玩

「管子通」

目標：分辨聲音、認知「鈴鐺」、「玻璃珠」、「速度比較」、視覺追蹤及邏輯概念。

材料：大紙板、紙筒或塑膠管及鈴鐺、玻璃珠（可替換不同物品）。

製作：在大紙板上戳多個洞，將紙筒或塑膠管放入洞中。可用色紙包裝，為大紙板或紙筒、塑膠管穿上美麗的外衣。

玩法：1.讓孩子聽Ａ、Ｂ二種物品的聲音，拿起Ａ在管子上端，問孩子是Ａ或Ｂ物，再將物品滾下，答對時，可以和他玩GIVE ME FIVE（擊掌以示鼓勵）。
　　　2.將一物品拿在特定管子上端，請孩子猜東西會從哪一個管子掉出來。

延伸玩法：也可以將管子換上透明軟管，讓孩子觀察球滾動的方向，將視覺追蹤及路徑理解加以具體化。

創意好好玩

「蒙面俠」＝「管子通」

目標：分辨語音之大小聲與快慢、找尋音源、聽覺記憶、
　　　聽覺理解、聽電話的技巧。

材料：布及「管子通」的材料。

玩法：大人與孩子可分別在管子的兩頭
　　　1.找一找喔，聲音是從哪裡出來的呀？
　　　2.打電話「喂！找哪位，對不起，她不在……。」
　　　3.角色扮演＋聽指令完成動作，例如：「我是虎姑
　　　　婆，我要聽你唱兩隻老虎」、「學狗叫」等。
　　　4.用唱的方式給指令，或玩回音ECHO的遊戲等。

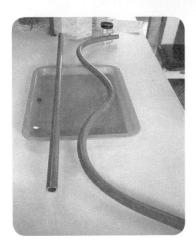

「傳聲筒」

目標：提升聽覺記憶廣度及聽覺理解力。

材料：塑膠水管。

玩法：1.玩傳聲筒＋執行指令的遊戲：一
　　　　人一側，一人給指令；一人聽並
　　　　完成指令。
　　　2.指令從短而簡單到長而複雜。
　　　3.指令的完成，宜具體可觀察，例
　　　　如：動作模仿、表演、要求拿東
　　　　西、幫忙搥背等有趣的指令。

「啥物聲」

目標：聲音的分辨遊戲。

材料：底片盒（也可更換不同的罐子，但
　　　要全部統一）、內裝物：鈴鐺、珠
　　　子或豆子等常見的物品。

玩法：1.與孩子一起將內容物置入，可做
　　　　二組。
　　　2.互相指定找出相同的聲音。
　　　3.配對：輪流並計時，在最短的時
　　　　間完成者贏。

元氣加油站

你也可以這樣玩的聽覺遊戲

1.回音遊戲

這個遊戲很適合在坐車時玩，可包含時鐘滴答聲、汽車喇叭聲、動物聲、消防車等，由父母或老師發聲，孩子模仿，輪流也可以；若是有機會到隧道、洞穴或山谷中記得將其連結，幫助孩子了解真正「回音」的現象與感覺。

2.音樂木頭人

讓孩子在音樂開始播放時自由舞動身軀，音樂停時要變成一座雕像，晃動者出局。活動可提供最佳聽音者小小的獎品，並肯定每個孩子「順風耳」的好功夫。本活動適合全家及全班一起玩。

3.童謠＋感官遊戲

小狗小狗逛花園，逛一圈、逛二圈、逛三圈……
大人用食指及中指當小狗，在幼兒的手心上（當做花園），繞圓圈、繞圓圈ㄚ！
炒蘿蔔炒蘿蔔切切切、小老鼠上燈台……
大人用食指及中指當小老鼠，從幼兒手指、手臂往上爬到孩子的頭，再從上往下滾下來。
＊記得！大人的動作、聲音、表情要誇大，盡可能讓孩子感受到不預期的驚喜喔！

4.聲音配對遊戲

蒐集瓶罐，再填裝各種不同的素材，如米、豆子、沙子、玉米、彈珠、銅板、鈴鐺等，讓孩子在最短的時間配對。此遊戲老少咸宜，年齡愈小的孩子，瓶內填裝物的種類不要太多，但聲音的差異性宜大。

三、嗅覺類

　　在五種感覺中，嗅覺的刺激是最不明顯，但卻能給予人們莫大的愉悅。對於視功能受損的孩子，嗅覺具有提供他移動時所需重要線索的功能。人類和動物一樣，可以藉由靈敏的嗅覺，覺察環境的安危。1～3歲的寶寶精力旺盛，探索行為相對增加，如果接受愈多的刺激，提升了嗅覺的靈敏度，對環境的掌控也就愈好，判斷力將更敏銳。

　　近來，學者也投入在各個空間設計獨特味道的研究，藉以幫助失憶者或高齡長輩區辨空間、記憶與情緒表達。在現今忙碌社會中大受歡迎的芳香療法，也是利用味道的釋放，透過嗅覺而幫助人們肌肉放鬆或精神甦醒。曾經，有一位腦性麻痺痙攣型重度的孩子很努力轉動著頭，費盡九牛二虎之力，就是為了聞聞枕頭另一側的香水味道。因此，在建立孩子味道分辨的認知能力外，如何進一步運用嗅覺提升學習訓練的效果，值得我們共同思考與努力。

創意好好玩

「**薰衣草貓咪**」可愛貓咪的手上散發出薰衣草香──兼具嗅覺與觸覺的功能

喵喵喵，小貓小貓真可愛！好香喔！小貓咪的手手好香喔！

如果您的縫紉技巧尚無自製的能力，沒關係！利用現成的玩偶加以改裝，也是可以的！
您只要為玩偶縫上薰衣草或薄荷袋，或是在玩偶特定的部位噴灑香水，就大功告成了喔！

 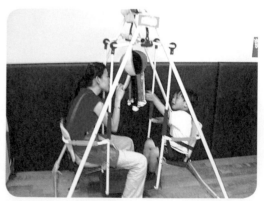

將現成的袋子內裝各種香草，就變成
了孩子最喜歡的「超級大香包」喔！

老師幫大章魚穿上不同香味的鞋子，聞聞
看，這隻章魚腳是什麼味道，你喜歡嗎？
（註：章魚腳的製作方法，詳參本節四「觸覺類」）

促進嗅覺靈敏的活動

活動一「我是虎鼻獅」

準備材料：香皂、洗髮精、綠油精、榴槤、香水、檸檬或各種氣味的水果。

遊戲方法：1.請孩子將眼睛閉起來，拿東西讓他聞，讓孩子猜猜看是什麼東西？

2.讓孩子輪流猜，猜對最多的人，就是虎鼻獅。

「我是虎鼻獅」也可以這樣玩

★請孩子找出各種指定的物品，例如：「聞一聞，香皂在哪裡？」

★大人描述有關物品屬性的線索（如：氣味、外觀形狀……等屬性），讓孩子說出是什麼東西？例如：「涼涼的與硬硬的是……」

★引導孩子說出某一物品聞起來是什麼味道？

活動二「蜂蜜檸檬」

準備材料：檸檬數個、蜂蜜一小碗、杯子、湯匙或攪拌器。

遊戲方法：1.拿出檸檬數個。

2.清洗檸檬、聞一聞。

3.將每個檸檬切成1/4。

4.將檸檬擠壓於器皿或杯中、嚐一嚐。

5.端出蜂蜜聞一聞、嚐一嚐。

6.依喜好調製蜂蜜檸檬汁，聞一聞、嚐一嚐。

7.享受蜂蜜檸檬汁，暢快一下。

　　「切檸檬」的步驟，請由大人協助完成，其他的步驟則可鼓勵孩子動手做、聞一聞、嚐一嚐，並且和孩子討論檸檬、蜂蜜、蜂蜜檸檬汁的不同味道！

四、觸覺類

　　觸覺刺激在嬰幼兒發展中扮演了非常重要的角色，小嬰兒透過大人觸摸他們的肢體，感覺到自己肢體的存在，搭配本體感覺的訊息，更可認識身體在空間中的位置，這些都可做為發展的基礎。

　　觸覺也可做為動作過程中修正動作的依據，舉例來說：當我們行走時，走得快時，周遭空氣產生的流動是比較快的，經由皮膚接觸空氣的觸感，也可以做為調整行走速度的依據之一。又例如在黑暗的房間中行走，當身體去觸摸到或碰撞到傢俱，身體也會依據這些訊息嘗試去調整肢體在空間的位置，以避免碰撞。因此，孩子的觸覺若較不敏銳，這些調節的能力就會受影響，孩子在生活中也會產生廣泛性的適應困難。

　　孩子年紀較大之後，認知學習上雖然比較依賴視覺，但觸覺仍然可以提供另一種感官訊息。例如：蘋果的表皮摸起來是光滑且硬的、橘子的表皮則是較粗糙而軟的。同樣材質大顆的球抱起來比較重，小顆的抱起來比較輕。這些都是觸覺輔助認知學習的例子。

　　因此，在孩子發展的早期，應該多給予不同的觸覺刺激經驗，老師及家長也可以運用以下的創意教具，讓觸覺刺激透過遊戲變得更加有趣，以幫助孩子在大腦中觸覺訊息的整合，進而提升動作、協調、認知等各方面的能力。

「章魚腳」

目標：各種不同觸覺的輸入、視覺追視、用手推撞的力道控制、數數及單位的認知。

材料：不同觸感的布、化纖棉（可防塵蟎孳生）、針、線。

製作：將不同觸感的布，內塞化纖棉，縫製成章魚狀。

玩法：1.摸一摸，你最喜歡哪一隻章魚腳？
　　　2.小組中玩遊戲，比賽誰可以讓章魚碰到天花板，也很有趣。
　　　3.數一數章魚有多少隻腳？

小撇步：與孩子動手一起完成，促進親子的親密活動，也增添孩子的成就感與擁有感！

「神秘箱」

目標：觸覺記憶與辨識、物品名稱的命名。

材料：將紙箱密合黏好後，挖出長寬約20公分的洞，再用美麗的紙美
　　　化紙箱，即完成。

玩法：猜猜看，誰住在裡面？
　　　1.先讓孩子看，再從紙箱中摸出相同的物品。
　　　2.利用三段式教學法。
　　　　(1)提供物品並告訴他該物品的名稱，請孩子在神秘箱中找
　　　　　出相同的物品。
　　　　(2)請孩子摸出所指定的物品。
　　　　(3)摸一摸，請孩子說出物品的名稱。

延伸玩法：
　　　1.當孩子能力穩定後，更換差異小的物品或是僅提供線索，讓孩子猜，不需先讓孩子看到
　　　　該樣物品。如：「哪樣東西在教室中可以找到……」「是一種動物……」。
　　　2.用小組比賽的方式進行，也很好玩。

愛的小叮嚀

鐵絲兩端最好用透明膠帶纏繞，以免孩子走迷宮時戳傷。

名稱	**豆豆迷宮**
適用年齡	3～6歲
設計者	許麗娟
目標	1.利用感官知覺【觸覺、視覺】，體驗各種豆子。
	2.認識及練習分類豆子。
	3.培養使用器具的能力。
	4.提高視覺敏銳度及搜尋能力。
	5.增進範圍的概念。
材料	鐵絲、各式豆子、白膠、壓克力板、紙卡。
製作	1.利用壓克力板、塑膠板或瓦楞紙做為底板。
	2.用筆在底板上將迷宮的路徑規劃描繪好，黏上鐵絲或吸管的線段，做為路徑。
	3.將不同的豆子等裝入不同的容器中，分別黏在迷宮上端。
	4.將紙卡糊上白膠，取出各類豆子分別黏在紙卡上，固定在迷宮下端，即完成。
操作	玩法一
	1.介紹各式豆子，並請孩子分類。
	2.請孩子先找到一種豆子。
	3.帶著孩子走迷宮，尋找藏在盒子裡的同類豆子。
	玩法二
	1.在孩子眼前將豆子藏進盒子裡。
	2.考驗孩子的記憶，是否可找到指定的豆子。

元氣加油站

冬粉妙妙妙 —— 使用手的觸覺活動

原本是一堂烹飪課，老師的設計是讓孩子攪拌韭菜盒的餡、包韭菜盒、捏麵皮的練習、清理桌子、享受美食等。由於冬粉預備得太多了，老師靈機一動，把剩下的冬粉分給孩子，卻驚奇的發現，每個孩子都喜歡的不得了，拎起……慢慢的灑下、放在桌上搓、貼近桌面看，好像是讚嘆著冬粉的晶瑩剔透；有的孩子則用剪刀剪著……，孩子們的把玩方式都不一樣，但都忙得樂在其中！

下鍋了，香味四溢，孩子一個一個擠了過來，好一位「虎鼻獅」！小心燙！

物理治療師把這些畫面拍了下來，興奮的描述著：「想不到這麼便宜的冬粉，居然會有這麼多的功能，打敗了那麼多昂貴的輔具教具，真是小兵立大功。」

五、多種感官類

　　您知道嗎？幼兒握著玩具、摸著硬而直聳的牆壁，或是接觸到冰涼的地磚與軟軟的地毯，這些不起眼的多感官經驗，可是在孩子的生活一點一滴的累積著，而且成為他學習新事物的重要基礎喔！

　　3歲大的幼兒，能藉由每天穿襪子的經驗，透過視覺與感覺等區辨花色、圖式與質材等，學會靈巧的將一雙雙的襪子分類。漸長後，學會自己穿脫衣褲、扣釦子，甚而在購物中學會了分類物品與分辨錢幣。然而，這些能力的展現，除了要具備有好的記憶力，更需要有敏銳的手指，因此，大人若能鼓勵幼兒運用各類的感官知覺，將刺激個體功能更加精熟，進而減少對大人的依賴，引領他的生命邁向獨立與自信。

(一)引導幼兒「會注視自己的與他人的手」教具

創意好好玩

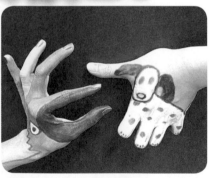

「身體彩繪」
目標：會注視手、動物名稱與身體部
　　　位的認識、藝術創作、說故事
　　　的能力等。
材料：彩繪筆、水彩或粉彩條皆可。
做法&玩法：
　　1.配搭聲音遊戲、故事、兒歌。
　　2.吸引孩子注視手，觀察更細膩的動作。
　　3.與孩子一起討論畫的內容，並鼓勵自己動手畫。
　　4.可嘗試彩繪身體的各個部位，引導孩子對於「身
　　　體部位」、「五官」的認識。
　　5.玩角色扮演。

「身體彩繪」
配合五指的認識也不錯！
另外，彩繪指甲後，也可以編製戒指花，為孩子戴上，
如何？是不是蠻浪漫的呢！

Follow me 小蝸牛

材料：黑色手套、二種對比顏色的絨布、白色毛根。

做法：1.將毛根繞成螺旋狀，用線固定黑色手套上方，當做蝸牛的身體。

　　　2.選用2個對比色鮮明的絨布，剪成圓形，縫在食指與中指上端，做為蝸牛的眼睛。

玩法：1234567，小蝸牛爬樓梯；7654321，小蝸牛溜滑梯：咻～～蹦！（配合動作，往上或往下爬）

(二)誘發幼兒「會使用手－動手」的教具

認識「感官書」

　　感官書是以圖畫為主，文字為輔，甚至沒有文字，特別是以能操作的玩具特徵為出發點而設計的書籍，結合了書和玩具的形式，兼具了遊戲和閱讀的功能；特別強調操作性、趣味性以及遊戲性，並講求特殊的操作方式，非常能夠吸引嬰幼兒去探索。另外，書的內容大多與幼兒的生活經驗有關，內容應淺顯易懂，頁數不超過5個跨頁，顏色要鮮明。

感官書的種類

1.視覺類：拉頁書、洞洞書、圖案書、立體書、反光書等皆屬之。

2.聽覺類：音樂書，市面上有許多圖和音樂作配對的書籍，當你按下了小狗的按鍵，就會發出小狗的叫聲，這樣的回饋，對嬰幼兒來說會覺得很有趣，能引發他對書籍的興趣。

3.嗅覺類：這類書籍會在一個小區塊設計有獨特的氣味。例如：介紹草莓的嗅覺書會有草莓的味道，不僅很有趣，也能讓嬰幼兒學習認識周遭環境的事物。

4.觸覺類：觸覺類的書籍，是以不同材質的設計來滿足嬰幼兒的觸覺刺激。如：塑膠書、各種材質的布料、其他還有籃球的材質、輪胎的材質、布或硬皮等材質。

自創教具 挖挖哇！

名稱	**跳舞黑妞**
適用年齡	2歲以上
設計者	鄭淑翠
目標	1.增進幼兒手部的精細動作： 　動手抓、拉的動作。 2.培養幼兒對物件的專注力。 3.提升幼兒敏銳的追視能力。
材料	鈴鐺數個、乒乓球1個、糖果襪、不織布少許、針線、塑膠花盆、跳跳蛋1個、鑽子、金色鐵絲、剪刀。
製作	1.在塑膠花盆上鑽一小洞，跳跳蛋放入盆內，並將拉環拉出盆外綁緊，待用。 2.塑膠花盆倒放，糖果襪將花盆由下往上包起來。 3.底部用藍色糖果襪綁住，將乒乓球放入襪內。 4.不織布剪成蝴蝶結狀，用金色鐵絲綁在襪口，留約5公分剪成頭髮。 5.將剩餘糖果襪套住花盆底座，以加強穩定度。 6.縫上鈴鐺在周邊裝飾用即可。
操作	1.將黑妞放在桌上或平穩之處，拉環拉起即可。 2.利用移動所發出的鈴鐺聲，刺激幼兒聽覺，使幼兒追視該物。 3.讓幼兒試拉拉環。

（三）使用手探索「不同材質」的教具

創意好好玩

「旋轉寶寶」

目標：拿與放的動作訓練、接受不同的感覺刺激。

材料：市售玩具、各種不同的布料、多樣小物品（如：球、
　　　小積木）。

製作：用不同的材質布料，黏貼在各樣小物品上。

玩法：請孩子拿起已黏貼好的小物品，投進市售玩具內。若
　　　孩子尚小，可在其投入時，配上「蹦」的擬聲詞。聲
　　　音的回饋，增添孩子持續把玩的意願。

「動物迷宮」

目標：會使用手、藉由觸感線索完成配對及認識動物名稱或
　　　叫聲、模仿動物聲。

材料：塑膠板、圖卡及菜瓜布、樹球、海綿。

製作：以塑膠板為底板，圖卡為目標物，而菜瓜布、樹球、
　　　海綿等做為迷宮的路徑。

玩法：1.引導孩子觸摸路徑的觸感：**「摸一摸，這是狗狗回
　　　　家的路，找到狗狗住的家，要小心走」**：到達時，
　　　　以該動物聲音增強之。

　　　2.可配對各種不同的平面圖卡、水果實物或玩具。

「創意布置在我家」

　　利用菜瓜布、豆子、網
子、吸管、通心麵布置在牆
面，營造出形狀、數字與觸
覺的學習情境。

第二節　動作發展類

　　隨著大腦的成熟以及對環境的好奇、探索，小嬰兒由原本只存在一些原始的反射動作，慢慢開始會翻身、坐、爬、走。一般而言，動作的發展，會先由頭的控制開始，慢慢的往下發展，同時由近端即軀幹、肩膀、髖關節等開始，慢慢往遠端的手肘、手腕、膝關節、踝關節；且由粗大動作活動，如：翻身、踢腳，進而發展到精細動作活動，如：疊高積木，握筆寫字等。

　　基本的動作具備之後，孩子開始有一些比較需要協調能力的遊戲能力出來。例如：模仿老師，跟著音樂跳帶動唱、舞蹈、玩踢球與丟球的活動，或者和朋友玩有遊戲規則的活動，如：躲貓貓、紅綠燈等遊戲。

活動的空間

　　給孩子進行大肢體活動的空間最好獨立出來，不要與上課的教室或者進行靜態操作活動的空間混在一起。在學校，宜有獨立的活動室，或者戶外遊戲器材。在家裡，家長則可以規劃一間房間或一小塊特定的區域，例如：以軟地墊鋪一小塊範圍，做為孩子活動的獨立空間。

　　空間中的物品及動線，應做良好的規劃（如：將器材擺放整齊），使孩子可以在空間內自由的翻滾、跑跳。此外，也可善用空間中的各式軟墊、階梯、溜滑梯等器材，讓孩子可爬高爬低，藉以考驗孩子的各項動作能力。

指導與練習

　　一個新的動作的習得，需要引導與不斷的練習。在孩子即將發展出某個動作，或已經發展出來卻尚未熟練時，家長可以利用各式各樣的玩具引導他反覆做出此動作。例如：孩子正在發展爬行的動作，可以故意將他擺在趴姿，並把玩具放在較遠的地方，藉以引導孩子移位並去抓握玩具。

掌握各種動作發展的關鍵期

　　動作發展，會遵循一連串的發展里程碑，也就是，大部分的孩子在同樣的年紀時，會有相近的動作發展出來。熟知這些發展里程，可以幫助家長及老師知道，什麼時候該誘發孩子的哪些動作。

　　而比較困難的動作，往往是建立在基礎的動作之上，若是困難的動作表現較弱，則可退回基本的動作多做練習。例如：當孩子走得搖搖晃晃不穩定時，不見得要一直讓他練習走路，可退一步做爬行的訓練，練習在軟的墊子上爬行，爬上斜坡或階梯；或反覆練習由地板站起來；或者在站姿下蹲下撿東西，這些方法都可以提升下肢關節的穩定與成熟度，進而提升孩子行走的穩定性。

同伴與競爭

　　家長有時候會發現，當孩子有年紀相當的玩伴時，對於動作發展會有顯著的幫助。兩個能力相近的孩子，會自己找出可以一起同樂的遊戲方式。因此，家長或老師也可以為孩子們設計有競賽性的體能活動，以幫助孩子動作協調能力的發展。

一、粗大動作類

(一) 動作穩定

　　所有的動作，皆須有良好的身體控制穩定能力做為基礎，因此，身體控制還不是很好的孩子，可以多玩一些訓練身體穩定的遊戲。製造一個不穩定的平面，讓小朋友能在遊戲中挑戰到平衡能力。

創意好好玩

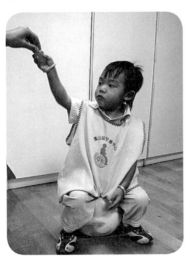 

「搖搖椅」

目標：提升坐姿的穩定性及身體回正的能力。
材料：1顆直徑與幼兒小腿長度相當的球。（注意！幼兒坐下時，雙腳需可踩到地面！）
玩法：讓幼兒坐在球上，拿他有興趣的玩具，引誘他伸手舉高拿東西，或者彎腰撿起地上的玩具。

創意好好玩

「搖搖船」

目標：提升軀幹穩定、提供前庭刺激。

材料：嬰兒澡盆、絨毛玩偶、浴巾或小棉被。

玩法：孩子坐或趴在洗澡盆內，輕輕旋轉或左右搖晃澡盆，大人可以一邊唱歌或唸童謠「搖啊搖、搖到外婆橋」。

小撇步：年紀較小或腦性麻痺不會坐的孩子，可在澡盆周圍以毛巾或小棉被保護，或以絨毛玩偶放在小朋友與澡盆間的空隙，協助維持穩定。

「你丟我接」

目標：挑戰站立的穩定能力。

材料：厚紙板、止滑墊。

製作：以厚紙板剪成兩個腳丫形狀，背面貼上止滑墊。

玩法：1. 將做好的腳丫擺成一前一後，或者兩個並排，或只擺一個腳丫。

2. 讓小朋友依照腳丫的提示，做出腳一前一後、雙腳合併或單腳站姿，同時與大人丟接球，可挑戰站立平衡能力喔！

(二)移位與轉位

移位，是從一個定點利用爬行、行走等方式，移動到另一定點的能力。轉位，指的則是躺、坐、趴、站等姿勢之間的互相轉換能力（例如：從地板坐扶著東西站起來）。移位與轉位能力，都需要穩定的姿勢控制能力做為基礎，才能夠有良好的動作表現。

創意好好玩

「魔幻滾輪」

目標：挑戰行走的穩定性及協調能力。

材料：鐵絲、木棍、奶粉罐、衛生筷。

製作：奶粉罐的頭尾中心先鑽洞，以衛
　　　生筷穿過兩頭，並分別以彎成U型
　　　的鐵絲固定之，再以木棍做柄，
　　　固定在U型鐵絲中心。

玩法：讓幼童握著「魔幻滾輪」的木
　　　柄，一邊走或跑，一邊推動著滾
　　　輪向前。

「觸感踏墊」

目標：提供各式觸覺刺激，提升移位穩定能力。

材料：巧拼塑膠地墊、各式不同材質的地毯或人
　　　工草皮。

製作：裁切各式不同觸感的地毯，以泡綿膠黏貼
　　　在巧拼地墊上。並將地墊拼成各種形式。

玩法：讓孩子在地墊上玩跳格子遊戲。

小撇步：年紀較小的孩子，可用爬行方式爬過觸
　　　　感地墊，提供四肢及軀幹的觸覺刺激。

「神奇腳印」

目標：改善過寬步態，提升跨步能力。

材料：在賣場可以買到浴室專用的「下方附有吸盤的止滑
　　　墊」、雙面膠、厚紙板。

製作：1.將厚紙板剪成腳丫形狀。
　　　2.用雙面膠將止滑墊固定在腳丫狀的厚紙板下方。

玩法：腳印可排成一列，訓練孩子踩在腳印上一步一步的
　　　走。

小撇步：止滑墊可防止腳印滑動，可應用在走路還不穩、
　　　　步伐步幅比較小或步寬較寬的孩子身上，做為步態
　　　　的提示。

註：步幅指兩步間縱向距離，步寬指兩步間橫向距離。

創意好好玩

「超級市場」

目標：提升行走穩定度及協調性、練習蹲下撿物。

材料：法蘭絨布、木桿、衣架、魔鬼黏、各式蔬果類的小玩具。

製作：法蘭絨布以衣架固定在木桿上。各式蔬果類的小玩具貼上魔鬼黏，固定到法蘭絨布上。

玩法：1.「蹲→站訓練」：小朋友在木桿前練習蹲下，並撿起地面上的玩具黏到高處。

2.「行走穩定及速度訓練」：「結合推車的玩法」，讓小朋友推著「超級市場」車走到較遠的地方，並將遠處的玩具撿起放入推車內，然後，將推車推回，再從撿回的玩具中，找出與推車絨布上相同的圖案進行配對。

元氣加油站

提升移位轉位的遊戲

1. 尋寶遊戲

  將會發出聲音的玩具，放在孩子伸手拿不到的地方，用毛巾或手帕將玩具蓋起來，引導孩子以正在練習的移位爬或走的方式去找出玩具。每次藏的位置不同，有時藏在高處，有時候藏在低處，可幫助孩子反覆練習移位及姿勢轉換喔！

2. 撿物活動

  讓孩子一手提著小桶子，邊走邊蹲下，將散落房間裡的小玩具撿起放入，可提升孩子行進間控制停止、蹲下的能力，並可增進雙手協調，此外也有助培養孩子「收拾」東西的能力喔！

動動腦：「尋寶遊戲」是否有似曾相似的感覺呢，沒錯！想一想喔，這樣的遊戲方式是在本章的哪一個章節介紹過呢？原來同一個遊戲方式，是可以誘發出孩子的不同能力耶！

(三)丟接物及手眼協調能力

　　學齡前是寶寶手眼協調能力發展的關鍵期。從嬰兒時期開始，眼睛開始注意到環境中的色彩鮮豔物體或玩具，產生興趣之後進而有想去抓握、操作的動機（如：抓到東西立刻亂丟、抓著東西隨便揮舞等粗略動作）。隨著年齡增長及骨骼肌肉的成熟，孩子們開始學習運用眼睛所提供的視覺訊息調整手的動作，進而達到更有品質的操作。

　　丟接物是一個很好的手眼協調發展實例。年紀較小的孩子可以坐在地板上，用地板推球的方式將球推給家長，並以手擋住家長推過來的球；年紀大的孩子可以丟接棒球，或玩投籃、躲避球遊戲。這些都可以訓練孩子整體的動作協調及手眼協調能力。

創意好好玩

「擲骰丟球」

目標：提升手眼協調能力及丟球能力。

材料：數個飲料空杯、色紙、瓦楞紙板、方形紙盒、數個不同顏色的小球。

製作：1.在飲料空杯的杯底，黏貼不同顏色色紙，並將其固定在瓦楞紙板上。

　　　2.將方形紙盒做成骰子，每一面貼上不同顏色的色紙。

玩法：擲骰子決定要丟什麼顏色的球，讓小朋友依照擲骰子的結果，將球投入相同顏色的杯子內。

　　小撇步：可進行兩個人以上的比賽，看誰先把球投進，就能換到一樣禮物。也可以玩角色扮演，老師或小朋友當老闆，「玩一次多少錢？」「可以投幾球？」「獎品是什麼？」這是很好的社會互動遊戲、數的應用教材。

創意好好玩

「超級接球」

目標：提升手眼協調能力及丟球能力。

材料：10元商店或一般玩具店可買到的球拍、繩子、球。

製作：分別將兩個球拍及球中央穿洞，繩子一頭先穿過之中一個球拍，並打結固定，另一頭先穿過球，再穿過另一個球拍，同樣打結固定上，這樣小朋友在丟接球的過程中，球就不會掉得太遠，而常要跑來跑去撿球喔！

玩法：小朋友一人拿一個球拍，互相丟球、接球。

「丟丟樂」

目標：提升拋物及手眼協調能力。

材料：空寶特瓶、線。

製作：將寶特瓶切開剩底部的部分，以線固定在瓶蓋上，線的另一頭固定在內側瓶底。

玩法：用單手握住寶特瓶底部部分，將瓶蓋甩高，並嘗試用寶特瓶底接住瓶蓋。

「魔幻轉盤」

目標：提升雙手協調及手眼協調能力。

材料：蛋糕盒蓋、保麗龍條、彈珠。

製作：利用蛋糕盒蓋做盤子，將保麗龍條黏貼在蛋糕盒蓋上，並做成圓形迷宮狀。

玩法：雙手捧住盤子兩邊，控制盤子前後左右傾斜，嘗試將彈珠由外圍起點轉進轉盤中心點。

二、精細動作類

　　進行精細動作活動時，最好是在比較安靜明亮的空間，讓小朋友在限定的範圍內，例如：坐在小桌子前，桌面上不要放太多干擾的物品，這樣才有助凝聚孩子的注意力，以及促進靜態操作活動的學習效果。

　　本章節的最後，有附上「精細動作的名詞釋意」一覽表，提供家長與老師參考，希望幫助您更能得心應手的掌握到孩子的學習需求與目標。

(一) 手部基本動作：抓放、雙手協調、手指靈巧、掌指協調

　　手部操作的能力，是由手掌抓握進展到手指指捏，如：前三指指捏、兩指指捏、側捏等，同時，也由單手操弄進展到雙手操弄。所以，我們應該依照孩子的動作發展，提供適合不同抓握方式的積木或玩具，以訓練孩子拿起物品放置定點的能力。

創意好好玩

「雲霄飛車」

目標：提升前兩指指捏及手眼協調能力。
材料：木頭框架、鐵絲、不同顏色的珠珠。
製作：在木頭框架上裝上鐵絲軌道，穿過許多不同顏色的珠珠。鐵絲可彎折成不同曲度。
玩法：1. 讓孩子用前兩指操作，將珠珠由鐵絲一頭移到另一頭。
　　　2. 也可以將珠珠移到最高點，讓孩子的眼睛看著珠珠由高處沿鐵絲滑落（眼球追視），「咻～雲霄飛車來了！」

「插吸管」

目標：提升前兩指或前三指的指捏能力、插放能力，以及訓練顏色的配對。
材料：不同顏色的吸管與色紙、空罐子。
製作：在空罐子上，貼上不同顏色的紙。
玩法：讓孩子以前三指或前兩指指捏吸管，放入同顏色標誌的罐子中。
小撇步：選擇開口較小的瓶罐，可增加孩子操作的難度喔！

創意好好玩

「蹺蹺板」

目標：訓練前兩指指捏、上臂抓握的穩定及手眼協調能力。

材料：粗鐵絲、寶特瓶、小魚玩具。

製作：將粗鐵絲的兩端，折成如圖的幾個凹槽，方便掛物。中心折起一個圓圈作支點。

玩法：將鐵絲維持平衡放置在寶特瓶頂端，讓小朋友將小魚掛在鐵絲的凹槽處。

小撇步：也可做為重量平衡實驗。

「穿鞋子」

目標：提升手眼協調及手指靈巧度。

材料：色卡紙、護貝機、打洞機、棉線。

製作：將色卡紙裁出鞋型，並護貝。打洞機在鞋型紙板上打出數個小洞。

玩法：以棉線讓孩子練習穿線，或者打蝴蝶結。

小撇步：也可做為穿鞋帶前的練習。

「瓶瓶罐罐」

目標：訓練手指指捏、掌指轉換能力。

材料：蒐集各式不同開口大小的瓶子、不同大小的小物品（如：積木、豆子）。

製作：在各式的瓶中，放入各式的小物品。

玩法：讓孩子打開瓶蓋，以不同指捏方式撿起小物品，並放入盒子內。

小撇步：引導孩子用不同方式抓握物品，愈小物品，愈需精細抓握；較扁平物品（如錢幣），則可練到指側指捏。

創意好好玩

「蜜蜂做工」

目標：訓練手指指捏以及手眼協調能力。

材料：空月餅盒。

製作：月餅盒底一格格的凹洞，剛好可對應格子放入小餅乾。

玩法：點心時間，可以利用這個盒子來分配餅乾喔！讓孩子以前兩指，將小餅乾一個一個從格子裡拿出來或放進去。

小撇步：對於年紀較小的孩子，食物是很好的增強物哦！

「曬衣夾夾樂」

目標：提升前兩指或前三指肌力、同類物品的歸類認知訓練。

材料：媽媽的曬衣夾，各式不同類型的圖卡。

玩法：引導小朋友將圖卡依功能及特性做分類，然後再捏夾子，一一將圖卡夾上。
搭配不同圖卡，可同時做物品的配對練習。
（如右上圖：食物歸成一類、交通工具歸成一類、衣物則夾在一起）。

創意好好玩

「紡紗高手」

目標：提升手指靈巧度及雙手協調能力。

材料：各色緞帶、圖釘、木板、冰棒木片。

製作：紫色緞帶以圖釘固定在木板上，粉紅色緞帶一端則以冰棒木片固定。

玩法：讓小朋友手拿著帶有粉紅色緞帶的冰棒木片，一前一後穿過木板上的紫色緞帶，編織玩出不同花樣。

「我是大富翁」

目標：提升手指側指捏及手眼協調能力。

材料：空罐子、玩具錢幣。

製作：將空罐子蓋頂割出一條約3公分的孔洞，空罐就變裝成了存錢桶。

玩法：玩具錢幣一個一個投入孔洞。

小撇步：選擇軟蓋的空罐，如奶粉、肉鬆罐較好切割，也可以使用真的錢幣，更有真實感。

「舀物品練習」

目標：提升上臂、手腕控制及掌指操控能力，並可提升吃飯時控制湯匙的能力。

材料：選擇不同大小的工具（如：水瓢、湯匙）、不同大小的瓶罐及各式小物品（如：球）。

玩法：讓孩子練習用水瓢將小物品舀起，再放入不同大小的盒子內。

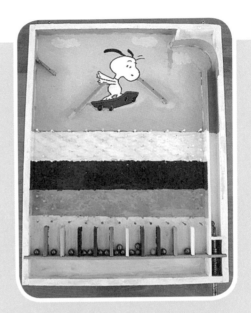

自創教具 挖挖哇！

名稱	**史奴比彈珠台**

適用年齡　3～6歲

設計者　　陳秀萍

目標　　　1.促進小肌肉力量的控制。
　　　　　2.提升視覺追視的能力。
　　　　　3.增進數理運算的能力。

材料　　　釘子、木板、木條、白膠、噴漆、
　　　　　水彩、彈珠、燈泡、電池、長尺2把，
　　　　　以及戳戳樂（神秘禮物）。

製作　　　1.將彈珠台的版面（長寬的距離）及高度預先裁剪出來。
　　　　　2.規劃出彈珠所要下滑的路線。
　　　　　3.將路線用釘子一一的釘上。
　　　　　4.將彈珠轉彎處用尺將它區隔開來，作為轉彎點。
　　　　　5.額外再做一份戳戳樂，做為每次競賽優勝者的鼓勵。

操作　　　1.打彈珠活動，每次以2～3人為主
　　　　　2.每次活動以10顆彈珠為一局，而每一個洞則以5分來計，若是2顆彈珠或3顆彈
　　　　　　珠同落入一個洞內，依然以5分來計算（以此類推來計分）。
　　　　　3.當兩人都完成後，再分出勝負，進行戳戳樂遊戲。
　　　　　4.隨著孩子對彈珠台熟悉度的增加，再以不同燈光來混淆孩子的視覺，進而提
　　　　　　升孩子的視覺追視能力。

名稱	**工作台**

適用年齡　4歲
設計者　溫美灑
目標　　1.區別大小。
　　　　2.增進手眼協調的能力。
　　　　3.練習工具使用的技能。

材料　　1.螺絲帽：大、中、小各10個。
　　　　2.銅鉤：大、中、小各10個。
　　　　3.木板2塊。
　　　　4.木條1塊。

製作　　1.在木板上鑽洞，將大小不同的
　　　　　銅鉤一個一個鎖到木板上。
　　　　2.另一面則將大小不同的螺絲釘固定上去。
　　　　3.最後再將木板固定木製底座上。

操作　　1.銅鉤的操作
　　　　　(1)把圈圈掛在掛鉤上。
　　　　　(2)比較大小，大圈圈放在大鉤鉤上，中圈圈掛在中鉤上，小圈圈放
　　　　　　 在小鉤上。
　　　　2.螺絲的操作：把大小螺絲帽，栓在螺絲釘上。

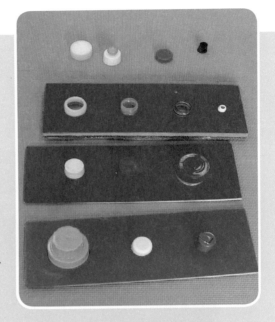

名稱	**轉瓶蓋**

適用年齡	2～4歲
設計者	溫美灑
目標	1.訓練居家操作的能力。
	2.開關大小瓶蓋的能力。

材料	各式各樣的瓶蓋、瓶口、瓦楞紙、萬能糊。

製作	1.將各式各樣的瓶蓋從頭部頂切下，保留可旋瓶蓋的部位。
	2.固定到厚紙板上，上面再貼一層彩色厚紙，覆蓋瓶蓋邊緣銳利的部分。

操作	1.將瓶蓋做的坐檯放在桌面上。
	2.依序將瓶蓋打開。
	3.找合適的瓶蓋，蓋在瓶口。
	4.沒有瓶蓋的瓶口，一一蓋上合適的蓋子。
	5.完成3個瓶蓋後，再依序操作4個瓶蓋。

（二）美勞活動

各式的美勞操作活動，如：黏土、撕、摺、剪貼、著色等，都可以提升手部精細動作能力。

創意好好玩

「小小畢卡索」

目標：提升手腕控制及掌指肌力。

材料：水彩、白膠、塑膠袋、圖畫紙。

製作：運用擠奶油的原理，將水彩＋白膠混拌後放入塑膠袋，剪開塑膠袋的一角。

玩法：讓小朋友擠壓塑膠袋擠出顏料，在圖畫紙上作畫，等到顏料乾了之後，就完成一幅抽象畫作囉！

「蜜蜂的家」

目標：訓練剪刀操作、掌指協調能力。

材料：剪成小段的染色通草、白膠、圖畫紙。

玩法：讓孩子將染色通草沾上白膠，然後黏貼在圖畫紙上。

小撇步：可在圖畫紙畫出限定的範圍，要求孩子貼在範圍內。

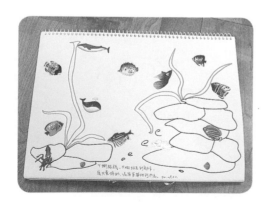

「海底世界」

目標：手指操作、撕貼能力的練習。

材料：圖畫紙、魚型貼紙。

製作：大人在圖畫紙上，畫上海底世界圖案。

玩法：讓孩子撕下魚型貼紙，然後貼到圖畫紙上的指定位置，是很棒的親子同樂遊戲喔！也可以引導孩子發揮創意，在海底世界畫上其他的生物。

創意好好玩

「五顏六色的彩蛋」
利用白膠加水彩，讓孩子即興創作，
在空蛋殼上彩繪！

「五彩的小海龜」
目標：手指協調、範圍內黏貼的練習。
材料：蛋殼、水彩、已畫好烏龜圖案的圖畫紙。
玩法：讓孩子玩玩敲碎蛋殼的樂趣，再用水彩為
　　　敲碎的蛋殼著色，然後將一片片著色的蛋
　　　殼黏貼在圖畫紙的小海龜背上。

「生命的奧妙」母親節活動的情境布置
你看！孩子的創作彩蛋，馬上可以派上用場！
孩子真是老師活動布置的小幫手，也可以增加孩子的參與感與成就感喔！

創意好好玩

「三隻小豬」房子的發想

以故事情境為主題,誘發小朋友動腦想一想,可以動手為「三隻小豬」建蓋什麼的房子?大人可以從旁提供建蓋房子的各種素材提示。

嗯!要用什麼素材來建蓋房子啊……

哇!有碎紙條的草房,還有「橡皮筋」,還有橡皮的彩色屋耶……

「橡皮筋」的不一樣玩法

目標:訓練手指抓握能力及掌指肌力。

玩法:趕快準備一塊釘板吧!運用橡皮筋的伸縮彈性以及不同顏色的變化,讓橡皮筋在釘版上做出各種不同造型。想想看!除了房子造型,還可以做出什麼創意造型呢?

元氣加油站

提升手部操作的美勞活動:提升手部小肌肉的力氣與協調性、手眼協調能力

1. **黏土**

   利用黏土搓揉出不同的形狀,或做出動物等簡單造型。若是搓成長條狀,還可以利用木製刀子,將黏土切成一塊一塊……,像是在玩扮家家酒!

2. **撕貼畫**

   將色紙(或舊月曆、彩色廣告紙等)撕成小塊小塊,再以膠水黏貼在圖畫紙上,拼貼成不同圖形。

(三)運筆操作

　　孩子在1歲半左右，開始會握筆在紙上隨意塗鴉，一開始只是隨意畫，但隨著認知的成熟及手腕操作能力的進步，2歲左右則慢慢會仿畫橫線、直線；3歲時會仿畫「○」；4～5歲時會模仿畫「□」、「＋」、左右斜線及數字，進而也慢慢的發展出正確的握筆能力，並可以開始一些運筆活動的練習，例如：將幾個點連成直線或簡單圖案、連連看、在範圍內著色等。

　　成熟的握筆動作，是與手腕控制的穩定、手部小肌肉的協調有關，此外，上肢近端關節（肩膀、手肘）也必須有足夠的穩定性，才能進行穩定的紙筆操作。

　　運筆的精巧度，其實與視覺及觸覺的統整有很大的相關性。良好的手眼協調能力，可以去調整筆操縱畫線的位置；而手掌與手指對鉛筆的觸覺知覺反應，則可幫助調控運筆的方向及握筆力道。

　　年紀較小的孩子，其實不用急著訓練如何正確握筆，建議您多提供手腕穩定及上肢近端關節穩定的活動，前述增進手部基本操作的各項活動都是不錯的練習。孩子開始願意握筆時，即可為他準備一些紙和各種的筆，握柄較粗的筆較好握，讓孩子可以在紙上自由的塗鴉。

　　除了各式的操作活動外，可別忘記了，平日多給孩子做家事的機會，也是訓練孩子手眼協調能力，以及讓孩子的手臂、手腕、手指的大小肌肉都能得到平衡發展的重要活動。還有，平日也要多陪孩子遊戲，豐足的親情滋潤，更是一個愉悅、自信孩子的最根本學習成長原動力。

創意好好玩

「螃蟹過河」

目標：訓練手腕控制及沿線走的能力。
材料：厚紙板、現成的螃蟹玩具，或自己剪貼製作不同造型的動物。
製作：將厚紙板裁切出各種樣式的通道。
玩法：讓孩子將螃蟹由起點沿著軌道移到另一端。不同類型的曲線，可訓練手腕往各個方向的活動。

創意好好玩

「動動手做家事」擦桌子

目標：提升掌指肌力及手腕控制能力。

材料：1.提供讓孩子協助做家事的機會。
　　　2.膠帶。

製作：桌面上以膠帶貼上幾條線條，提供
　　　視覺提示。

玩法：要求孩子沿著膠帶線條推抹布，完
　　　成擦桌子的任務。可培養孩子幫忙
　　　做家事的興趣與能力。

「手指畫」

目標：手指協調能力訓練、範圍內著色。

材料：河邊撿的扁平石頭、水彩。

玩法：1.讓孩子以手指沾水彩，在石頭上作畫。

　　　2.孩子作畫時的畫圓、曲線、點的指力控制，都是寫字前最佳的預備動作練習。

　　　3.因石頭自然的高度，提供孩子非常清楚的範圍內概念，可做為範圍內的著色練
　　　習。

創意好好玩

「範圍內著色」

目標：提升運筆控制能力，訓練範圍著色。

材料：瓦楞紙板、閃亮鮮豔的彩色膠帶。

玩法：對手部控制能力或視覺較弱的孩子，
　　　可以瓦楞紙板切割出不同形狀，或者
　　　以顏色鮮豔的膠帶貼出範圍，以提供
　　　孩子較好的視覺提示，並幫助其了解
　　　「範圍」的概念。

「手指迷宮」

目標：提升手腕穩定及沿線走的協調能力。

材料：保麗龍板、水彩、白膠。

製作：在保麗龍板上挖出凹槽軌道（圖示的
　　　淡藍部分），塗上不同顏色做視覺提
　　　示。圖中的顏料是以水彩加白膠。

玩法：引導孩子用他的食指在保麗龍板上作
　　　畫，若小朋友有握筆的能力，則可使
　　　用水彩筆。也可以讓小朋友以手指沿
　　　著軌道走，玩走迷宮的遊戲。

「手指畫」

目標：訓練範圍內塗鴉與掌指動作的協調力。

材料：黑色圖畫紙、水彩顏料、節奏明快的音
　　　樂及音響。

玩法：1.黑色圖畫紙色彩鮮明，與背景產生鮮
　　　　明對比，可幫助孩子了解紙張範圍的
　　　　概念。

　　　2.配合音樂特殊音效出現時，請小朋友
　　　　用手指沾顏料在紙張上做點或塗的動
　　　　作，亦可訓練孩子的反應及動作控制
　　　　的能力。

「太陽花」

目標：運筆及手腕控制能力訓練。

材料：水彩、圖畫紙、衛生筷或水彩筆。

玩法：讓孩子擠壓水彩瓶，在圖畫紙上畫出不同顏色的同心圓，以衛生筷或水彩筆的尾端自圓的中心往外畫，將顏料向外塗抹開來，就是朵美麗的太陽花！

元氣加油站

生活中可以增進握筆能力的活動

任何能夠提升上肢穩定及手腕、手掌肌肉協調性的活動，都可做為運筆的準備訓練。例如：轉動玩具的轉鈕、用叉子或湯匙進食、旋轉門把、鎚釘子、擲球、旋轉螺絲、穿豆子、纏線、撕紙、摺紙、線畫、組合樂高玩具、積木拼圖、擰海綿、扮家家酒、玩小汽車、玩沙、捏麵、泥塑、打字、擰乾抹布、縫工、打結、手指畫、拿剪刀、撕貼畫、畫圖畫、走迷宮、釘釘子、下棋等等。

(四)運筆學習單

　1.直線練習

　★請將柵欄畫上，讓柵欄變得更緊密些。

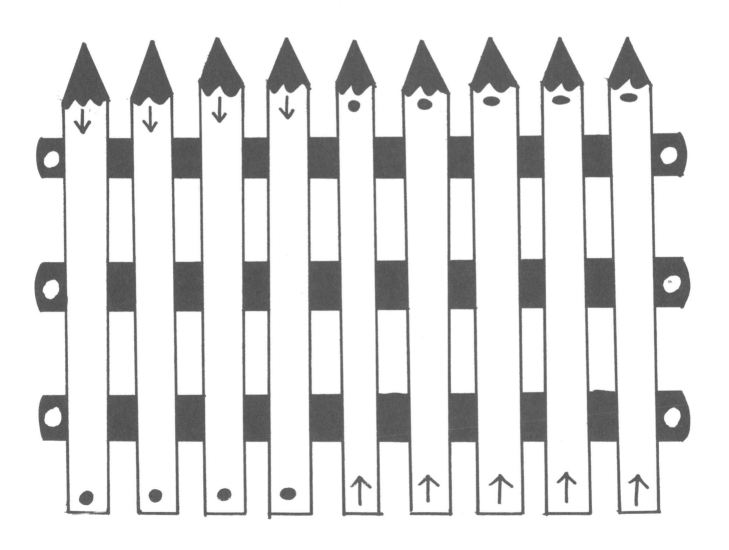

2.橫線的練習

★請幫忙畫上行進方向，由箭頭畫到圓點上。

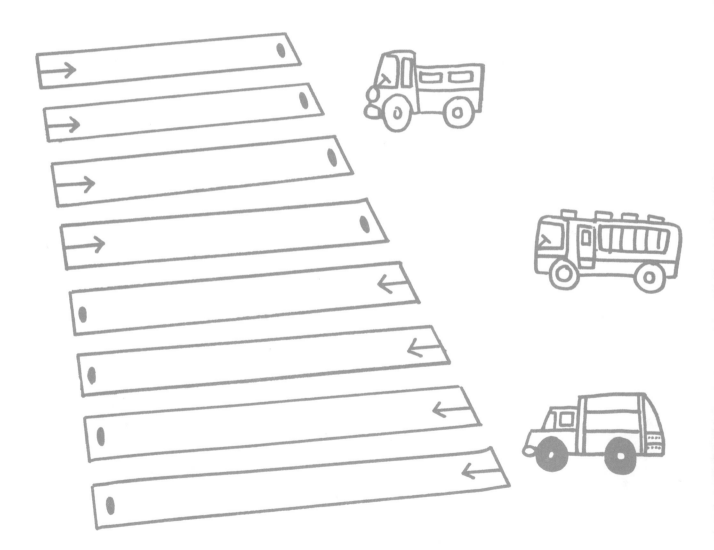

3.斜線的練習

★請依虛線畫，其中一條少了好多的骨頭，記得請小朋友幫牠補上。

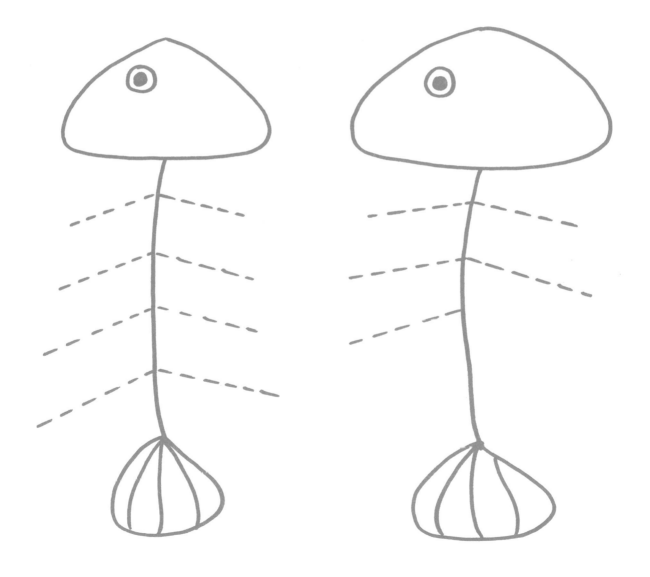

4.斜線的練習

★咦！河豚身上的線，怎麼看不清楚，請幫忙畫好。

5.斜線與直線的練習

★怎麼一點一點黑黑的啊！是吃的還是用的，不用猜！畫畫看就知道了。

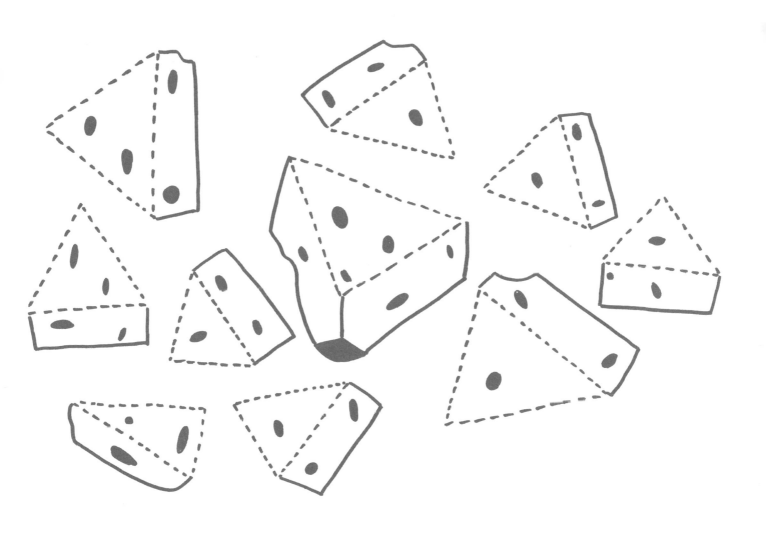

6.直線與漩渦的練習

★一閃一閃的是什麼東西啊，畫畫看就知道。

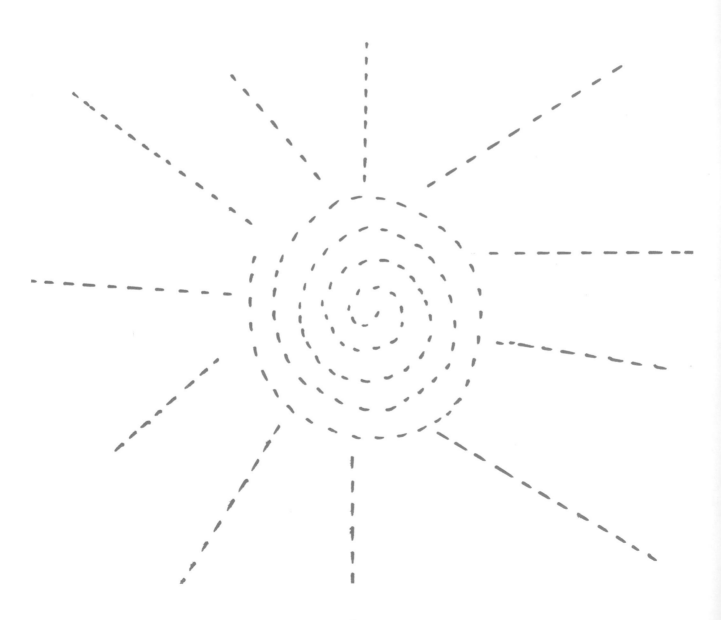

7.漩渦的練習

★咦！是大餅？還是糖果？畫畫看就知道了。

8.斜線與弧線的練習

★牠是誰呀……不用費心猜，畫畫看就知道了！

9.弧線的練習

★毛毛蟲身上的線條快不見了，請幫牠連起來。

★他在吃什麼？好像很好吃，畫畫看就知道了。

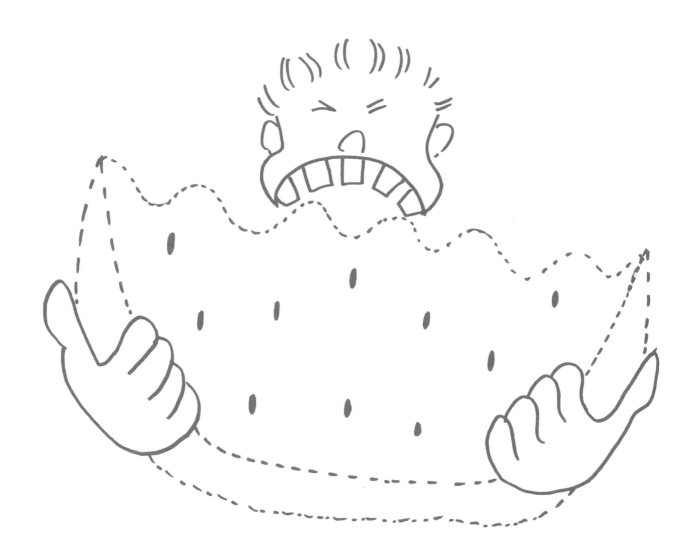

★水底中的動物少了什麼東西，請依虛線畫畫看就知道了。

★哇！聖誕老公公的鬍鬚！請幫忙依虛線畫畫看。

★工廠的煙囪怎麼了？依虛線畫畫看會出現什麼景況。

10.十的練習

★請小朋友依虛線畫畫看，熱氣球會變成什麼模樣呢？

11.十與弧線的練習
★請幫忙畫好美麗的花！

12.十與直線的練習

★請將毛巾上的虛線畫出，並將下方的杯子仿照毛巾的線條畫出。

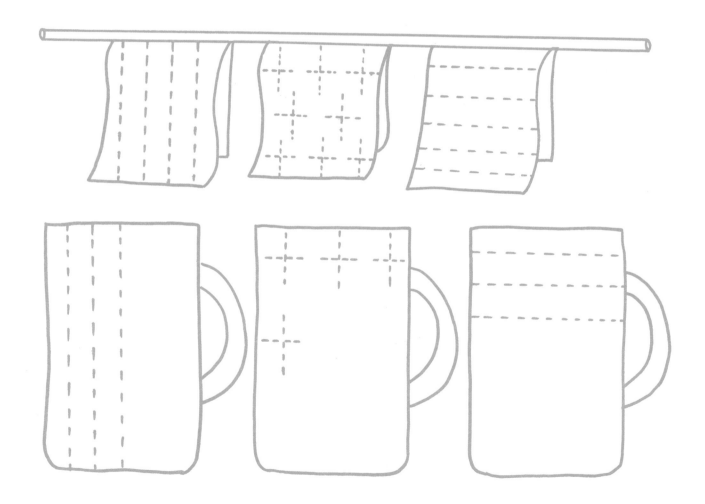

13.直角的練習

★請將每個箱子上的同一符號連起來,練習直角(橫折、豎彎鉤)。

第三節 認知概念類

依據瑞士認知發展心理學家皮亞傑的「認知發展理論」，學齡前幼兒認知發展階段為感覺動作期及前運思期。美國芝加哥大學教授哈維赫斯特（R. J. Havighurst）在其「發展任務」理論指出，發展任務是大社會賦予每個人的期望，當個體成功展現符合其生長階段的適當表現時，個體會因得到他人的讚許，感到快樂，進而提升自我形象與自信。

無論在皮亞傑或是哈維赫斯特的理論，都指出各階段發展的次序性及連續性。筆者建議，製作教具宜依循「認知發展階段」的特質、學習內容及輔導的重點，參照【表6-2】「發展任務」的原則，設計符合幼兒興趣的教具，如此，將可加以誘發幼兒發自內在對特定事物、動作或任務的著迷特質，其學習效果會加倍顯著。在鼓勵大人致力培育孩子之際，應將認知能力與自信心同步提升，做為孩子的教育目標，因為，一個能夠肯定自我的孩子，方可欣賞、接受自己與他人的學習表現，並有能力去面對未來生命的無數挑戰。

本章第一節、第二節的內容，已詳盡介紹了感覺動作期的各類教具，故本節的重點將著重在2～6歲的認知概念類教具之呈現。

【表6-2】學齡前兒童發展階段的特質、學習任務與輔導重點一覽表

發展階段	發展特質	學習任務	教育輔導重點
1～2歲 感覺動作期	以感官體驗周圍環境	1.吸吮咀嚼食物。 2.以手抓取獲得經驗。 3.學習走路。 4.學習說話。 5.控制排泄機能。	1.創造「物體恆存」學習機會，如：「躲貓貓」、「不見了找一找」等遊戲。 2.分辨許可與禁止的行動。
2～7歲 前運思期	運用語言、文字、圖形等符號，做為思考	1.開始學習簡單的文字。 2.數學與圖形。 3.認識性別及性別角色。 4.形成社會的簡單概念。 5.具備身體的簡單概念。 6.建立自己與家人及其他人間的情緒關係。 7.學習判斷是非，發展良知。	1.提供學習情境與環境，利用圖畫、圖表輔助，激發興趣。 2.重視專注力與記憶力的培養。 3.了解幼兒學習管道的類型。 4.創造學習成就，以提高學習動機與自信。

資料來源：王淑芬、黃志成（1997）、Havighurst (1972)。

一、語文類

　　2歲至5、6歲是讀與寫的關鍵期，也是進入小學前的學習準備時期。由於發展遲緩兒在感官功能、語言、表達及動作能力之接收與輸出訊息的部分或全面性的遲緩，影響其在關鍵期無法充分獲得讀寫應備的技能。然而，根據杜曼博士的發現，在幼兒時期，愈早給予孩子語文方面的刺激，對於孩子腦部發育有非常大的幫助，他主張說：「要使腦部發達，最重要的就是提早教文字，而且愈早教效果愈好。」另外，Gillet和Temple指出，在孩子獨立閱讀前，他們必須累積許多視覺字（sight word）來幫助他們閱讀文章。所謂視覺字係指，經由重複閱讀有意義的文章中所記得的字，進而能快速辨認，因此當讀者在閱讀文章中遇到這些字時，是不需要解碼的，因為已經自動化了（吳宜貞、黃秀霜，1998）。

　　普遍來說，在台灣，發展遲緩兒的語文刺激過少且提供的時機過慢，誠然可惜。筆者認為應在教導方法與技巧上做調整，若按對按鈕、對準頻道，依然能讓他們早早的啟動學習機制。至於，對於物形辨識有困難的兒童，可透過視覺的辨別學習、語言與具體物的配合操作，多提供實際情境中的學習機會；同時，利用立體故事書的製作，並配合情節與文字，也是可以促進孩子的語文理解力。

　　綜合上述，李芃娟和陳英三（1995）指出，欲促進讀、寫及語文的發展，必須依照【圖6-1】「語文及文字學習」的發展階段來教導孩子，這也提供您DIY教具前的檢視。

【圖6-1】兒童的語文及文字學習發展階段

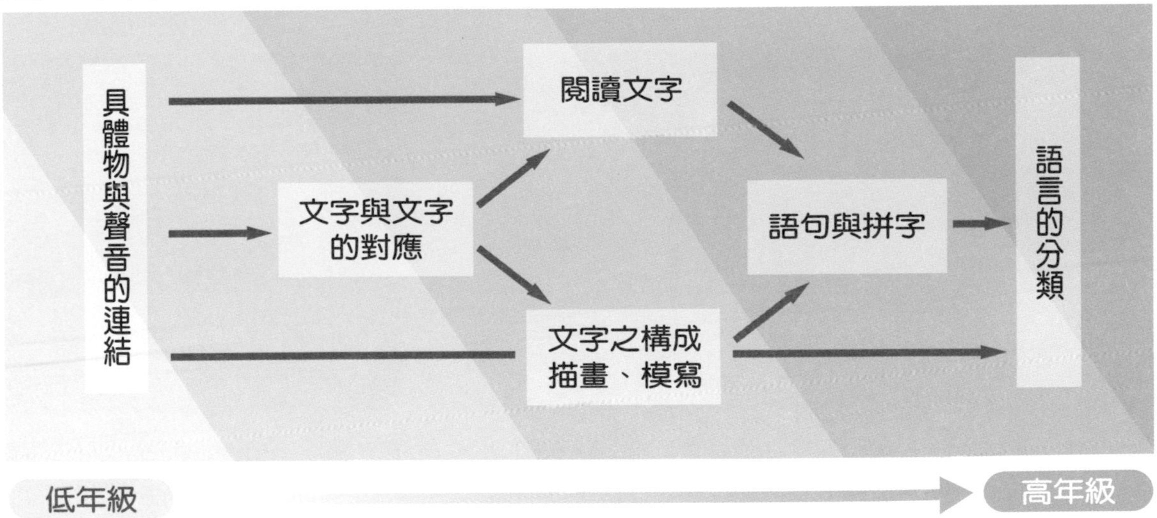

資料來源：李芃娟、陳英三（1995）。

（一）物品與文字的聯結

1. 市售圖卡的應用：陪著孩子一起看，並使用各種方法吸引孩子看圖卡。

2. 情境中呈現相關的文字，增加文字刺激的輸入。

3. 善用教育家盧梭「愛彌兒」的啟示，創造辨識與應用文字的機會（如：生日卡、好康的事皆以文字傳達），藉以強化文字的重要功能性。

創意好好玩

「圖與文」

上方圖卡原為國小教材，作者將原圖卡影印，套在黑卡紙上，再剪下黏貼在白紙板上。

延伸應用：

1. 做為動物命名、文字認識、動物特性了解，及實物與影像配對等教學用途。

2. 運筆範圍概念的訓練。

3. 視功能障礙幼兒的學習：以紙板將兔子的黑影鏤空，讓孩子用手指摸讀兔子形狀。

目標：提升視覺注視及圖卡與文字的聯結。
材料：圖卡、玻璃紙、燈泡、插頭、電線、
　　　空盒。
製作：採用幻燈機的原理。
　　　不難製作，試試看吧！

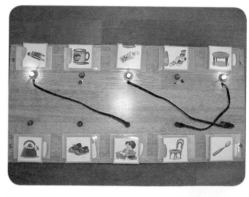

第一階段：功能性配對，如牙刷與牙膏。
第二階段：圖卡加入文字。
第三階段：功能性的配對，文字與文字。

創意好好玩

「水果命名配對」
運用坊間教材，DIY剪裁後護貝，就大功
告成了！

「動物命名配對」
影印圖檔，讓幼童動手塗上顏色，裁製後
護貝。

「我」的字卡語句練習
「我的字卡」是以「我」為主題的字卡與
圖形配對，也可做為語句的練習，即造句
用，如：我的褲子是綠色的、我有一件綠
色的褲子、我是男生……等。

「海底世界的影子」
「海底世界」以文字及影子作圖形配對，
老師將之做成小小寶貝書，可做為認字、
海底生物命名及說故事等教學用途。
材料：海底生物圖卡、活動眼睛、子母粘
　　　、護貝膜。

蒙特梭利的三段式教學法

在認知的教學訓練中，蒙氏以系統性的應用「三段式教學法」幫助幼兒新事物的學習，您不妨試試看!!

第一階段：物品與名稱的配合命名。大人介紹：「哈密瓜。」請孩子仿說：「哈密瓜。」

第二階段：依照名稱辨別物品辨認。大人：「把哈密瓜給我。」

第三階段：依照物品回憶物品名稱命名（說出）。大人問：「這是什麼？」幼兒回答：「哈密瓜。」若孩子尚無法說出，則再重複此三階段。

您可以試試看，可依孩子需求更換內容，並視孩子的能力，呈現單一或是多項物品，但最好一次只放入一樣新的物品，若難度太高，易失去趣味性與成就感，反倒造成拒絕學習，得不償失！

創意好好玩

「我要回家」文字迷宮配對

目標：文字的辨識、空間概念。

材料：小汽車、貼紙、對開的白色粉彩紙或圖畫紙、小圖卡、字卡2份。

製作：1.用鉛筆在白紙上描繪出迷宮路徑，路徑可依孩子的能力簡化或複雜化。

2.將選用的卡通或動物圖卡貼在紙卡上，再將文字紙卡黏在其上端。完成後半固定在迷宮的上端。

3.在小汽車貼小字卡，代表圖卡人物的專屬車。

玩法：1.邀請小朋友幫忙小丸子、王俊俊把車子開回家。

2.加入建築物：例如郵局、學校、游泳池等，問：「小丸子回家時，會經過哪些地方？」

延伸玩法：將迷宮擴展在地板上玩

1.讓孩子實際駕駛玩具汽車、騎腳踏車或紙箱車，玩角色扮演遊戲。

2.下肢障幼兒：以推助行器、安心步行器或風火輪（站立式輪椅）代替汽車。

3.視功能障礙幼兒：將上方圖形之人物，以不同物品代表或建築物以不同的材質
做標示，先以小圖做為心理地圖，引導孩子摸讀後，再帶他實際走地板上的迷
宮。路徑可改用15x15公分的地墊，不同的路徑要採用不同的顏色代表；文字
的大小，則端視孩子的視功能性評估：可採用放大字體或提供放大鏡、鏤空文
字或點字等。

小撇步：融合活動時，可以讓一般幼兒協助特殊幼兒推輪椅走迷宮哦！

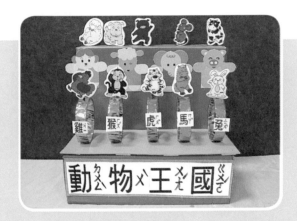

名稱	**動物王國**
適用年齡	3～6歲
設計者	沈小鳳
目標	1.認識動物名稱。
	2.認知動物住家的位置。
	3.增進配對能力。
	4.培養愛護小動物的精神。
材料	禮品盒、動物造型卡、名稱卡、空膠帶捲、小木棍。
製作	1.將禮品盒包裝，裝飾好後備用。
	2.將空膠帶捲以彩色膠帶或玻璃紙包好，黏貼固定在禮品盒上。
	3.製作動物造型及名稱卡，並護貝之。
	4.將動物名稱黏貼在包好的空膠帶捲上。
	5.將動物造型黏貼在小棍子上備用。
操作	1.請孩子拿出所有的動物模型一列擺開。
	2.唸出動物的名稱。
	3.依照動物名稱，將動物插入指定位置。
	4.延伸活動：可換上其他的物品來替換，如：「交通工具」。

(二)文字與文字的對應

創意好好玩

「跳舞機」

目標：認識注音符號及發音、手眼協調、動作反應。

材料：全開粉彩紙、注音字卡2組、韻母字卡、護貝膜。

製作：1. 剪下一組注音符號、依序黏貼在粉彩紙上，完成後護貝之。
2. 另一組注音卡，做遊戲題組。
3. 將韻母字卡打洞，小圓鈎串起即可。

玩法一：三人一組，一人抽字卡並唸出該字，二人比賽看誰先踩到正確的符號。

玩法二：將注音符號貼在地上，玩類似跳房子的遊戲。

延伸應用：

1. 下肢障幼兒：可改用手去拍打或是以手握玩具槌子，去敲注音符號。
2. 聽覺訓練：加上音樂，訓練訊息的處理能力。
3. 視功能障礙幼兒：改以瓦楞紙板、磁鐵板或砂紙剪下注音符號形狀，做成立體紙卡，也可以用鮮艷的紙卡製作。

「釣魚樂」

目標：認識注音符號及發音、手眼協調、動作反應。

材料：粉彩紙、迴紋針、注音字卡1組、珍珠吸管2支、磁鐵2塊、棉線長短各1條、膠帶。

製作：1. 用壁報紙剪下37張魚的圖形，再貼上注音符號，並護貝之。
2. 在魚的嘴部別上迴紋針，以膠帶貼緊。
3. 將珍珠吸管前端貼上棉線，在另一端綁上磁鐵，當釣竿。

玩法：1. 二人一組，一人一支釣竿。
2. 將釣到的魚拉起，看魚圖上的注音符號，說出者得一分，分數多者為優勝。
3. 玩拼音遊戲，看誰最快拼出一段句子。

延伸應用：

1. 上肢控制較弱的幼兒：可以用較粗的木棒套上水管替代吸管做釣竿握把（較好抓握），剪短繩子的長度，或將磁鐵直接固定在吸管前端。
2. 四肢能力較弱的幼兒：可以用頭來控制釣竿，在兒童安全帽前方黏貼一條棉繩，前端黏上磁鐵。
3. 智力遲緩兒：減少注音符號的數量，或利用顏色，突顯孩子要分辨的字。

發展遲緩的幼兒要不要學注音符號？

　　有些人主張：「ㄅㄆㄇㄈ的符號比較抽象，不容易記憶，注音符號是輔助閱讀用的，識字能力強的孩子，根本很少用到注音符號，或是根本用不到……。」其實，單單是學齡前的一般幼兒，就存有要不要？該不該？何時學？誰可以教注音符號？等爭議性的問題了，那麼，發展遲緩或智能障礙的幼兒需不需要學呢？

　　在此，筆者的看法是，姑且不論注音符號日後是否存廢，僅將注音符號視為抽象符號，銜入認知學習；另也考量到目前電腦文書的輸入，大多以注音符號為多，是故，讓幼兒學習注音符號的意義是值得肯定的。但是，若孩子尚未到達認字的階段，也大可不必太著急，可參考下列的練習策略。

　　要特別提醒您的是，在注音符號學習時或之前，皆可將國字導入於生活中，或故事書的閱讀中。也可以由教孩子認識國字開始，而不需侷限在學習注音符號或國字的先後問題上。

1. 藉由肢體動作表達：例如，「ㄚ」兩手舉高且站好；「ㄨ」雙手交叉在胸前。
2. 運用實物做教學：例如，「ㄜ」字，就提供ㄜ型掛勾。
3. 使用教具做教學：例如，用積木或樂高教具，做「ㄅ」字組合，加強記憶。並可結合自編的兒歌或韻文做教學，加深記憶，例如：「ㄅ」字，爸爸看報紙吃包子；「ㄆ」字，「皮皮」會爬樹；「ㄇ」字，媽媽戴帽子。
4. 借助日常生活經驗做教學：例如，看到街上的招牌看板，可做隨機教學。
5. 故事串聯方式：白「ㄅ」先生上街買葡「ㄆ」萄，帽「ㄇ」子被風吹掉「ㄉ」了，白先生急著跳「ㄊ」下來「ㄌ」，扭「ㄋ」傷了腳。
6. 坊間有很多的注音符號韻文兒歌，也可上網或採購電腦教學軟體運用之。

（三）語句

創意好好玩

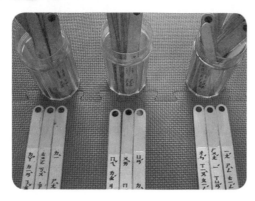

「天時、地利、人和」

目標：提升閱讀的拼音能力。

材料：壓舌板、師生名單、圖形彩色貼紙、膠帶、空罐子3個。

製作：1.電腦製作三組句子並割下黏在壓舌板上：人名、地點、做事情。
2.再貼上貼紙，一類一種顏色，分裝於指定的罐子。

玩法：1.二或三人一組。
2.從罐子中，各抽出一支壓舌板。
3.二人比賽看誰唸的速度快，可提升同儕間的互動能力及相互模仿。
4.再輪流抽。

延伸應用：

1.上肢能力較弱的幼兒：可利用較粗的棒子替代壓舌板；或以吸管固定在壓舌板尾端做延伸，讓幼兒可藉著咬吸管提起壓舌板。
2.視功能障礙幼兒：可改用點字籤，老師或家長如有需要，可向區域特殊學校請求協助。

「讀心」

目標：語句的閱讀與理解能力。

材料：子母粘及需求字卡組、點心、配合字卡之實物。

玩法：1.二人一組。
2.一人以文字提出需求，不可用口語表達。
3.另一人大聲讀出字卡，並將對方的需要完成之。
4.互換角色。

延伸應用：

1.自閉症與語障幼兒：運用於社會溝通訓練。
2.智力遲緩幼兒：配合實物、圖卡與字卡做語句閱讀、文字辨認訓練。

「親子共讀」高手

享受與孩子一起閱讀的樂趣，並增進孩子的語文能力

1. 將閱讀時間變得有趣與美好，每天有固定的閱讀時段，例如：晚餐後或臨睡前。
2. 讓孩子可以選擇他想要看的書。
3. 選擇舒服自在而安靜的閱讀空間，例如：臥房、床上、沙發上或書房等。
4. 有時候可以跟孩子介紹如何使用故事書，如：正面、打開、翻頁。
5. 依照孩子的興趣，在孩子的專注時刻，進行讀句子的活動。
6. 告訴孩子書中事、物的名稱，讓孩子猜一猜接下來的故事情節。
7. 談談書中的主題與內容，問問孩子的看法。
8. 與孩子聊一聊書中插圖的內容。
9. 引導孩子注意文字的部分。

名稱	**每日一句**
適用年齡	5～6歲
設計者	沈小鳳
目標	1.文字分辨及語句閱讀能力。
	2.記憶力的訓練。
	3.能朗朗上口唸聖經經句。
	4.提升同學互相學習的機會。
材料	禮品紙盒、粉彩紙、經句卡（金句）、玩偶造型、夾棍。
製作	1.選出聖經中簡易好唸的經句，製作成經句卡，並護貝。
	2.拿出禮品盒，製作成情境的樣式。
操作	1.在操作前需讓孩子讀熟經句。
	2.二人操作，一人充當小老師，一人唸經句，然後再互換。
	3.也可用抽牌的方式，請對方唸出。
延伸活動	1.親子在家可一起唸經句，好的品格教育是人生極致的成就喔！
	2.可延伸為記憶遊戲，讓孩子背誦從第一天至最後一天的經句。

學齡前幼兒應該教導哪些字彙與詞彙？

1. 符合功能性要求的詞彙。
2. 對兒童有用的字彙、詞彙（具體的、生活常用的）。
3. 常常出現的詞彙（見附錄四「中文基本字彙表」）。

「我的小書」DIY秘訣

　　當所有市售的圖書都無法吸引幼兒注意時，可試試為幼兒繪製一本屬於他個人的繪本，舉凡布書、折疊書、溝通小書或鏡子書等，都是您可以參考的選擇。

「我的小書」DIY撇步

1. **設定具話題性的繪本主題**
　通常幼兒對於關於自己的主題最感興趣，如果以「我」為書名，準會贏得幼兒的目光。內容可包含：幼兒及家人、幼兒最喜歡的玩具、動物、食物、圖卡、旅行的車票、巧克力的包裝紙等等。

2. **繪本的內容長度，巧而迷你**
　視幼兒年齡及專注力長度設定繪本的內容，幼兒或許仍處於「撕裂」的發展期，所以，可將素材分別製作成數本薄薄的小書，這可是會比通通製成一本厚書，來得聰明與實用！

3. **使用堅固及色彩豐富的素材**
　可選擇素色壁紙、紙箱、喜餅禮盒等厚紙板素材，也可以利用彩色膠帶黏貼書頁邊緣，讓褐色的紙板變得更生動。

4. **使用保護性工具**
　繪本完成後，可用透明塑膠布、護貝膜等護貝，以保護這一份傳家寶物喔！

5. **利用坊間現成的書籍，再依孩子的學習目標做不同變化**
　可將原本文字部分，貼上關鍵字或手語圖，加深孩子的印象，以幫助孩子在還不會說話或識字時，就能依情節回答問題。

6. **對翻書動作困難的幼兒**
　可利用瓦楞紙、泡棉膠或夾子等工具，來增加書頁間的空隙，並要注意將書籍固定住，以減少孩子在翻閱過程中不必要的挫折。

7. **擺放不同主題的書本在固定的地方，增加幼兒平時多翻閱的機會。**

「動物村」自製布書：
　配搭故事書發展的主題書

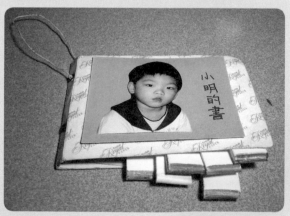

「透明繪本」DIY秘訣

透明繪本是一種有趣、充滿驚喜並具創意的繪本喔！

它是運用透明膠片製作而成的，層層相疊的效果，變化出數、語言、顏色、自然等相關的故事。透過圖片間互相前後、上下、左右的相互關係技巧，就如同會動的連環故事般，可供幼兒反覆操作，並從中訓練孩子的創造思考、直敘法及由後往前的倒敘法之語言表達能力（曾淑美，2005）。

一、製作技巧與步驟

1.構思故事：可以是一件事情發生的經過、一個物品或圖案等。
2.設定膠片張數與切分內容：將每一部分重點，分頁呈現，在最後一頁，使用驚喜的結束手法來呈現。

二、製作方法

1.以油性筆直接彩繪，或是剪貼圖案貼上，用白膠、雙面膠、口紅膠或相片膠來固定皆可。
2.封面及最後一頁，需使用非透明的紙。
3.每頁皆為故事表現的重點，最好不超過5頁，以免影響透明度。
4.裝訂成冊。
5.若由幼兒製作時，請大人注意頁與頁的重疊效果後，再上膠固定。

二、概念

(一)理解概念

創意好好玩

「戳戳樂」

目標：動物名稱認識、食指指力、兩指「拿」的動作靈活度。

材料：市售的「戳戳樂」盒子、骰子、動物圖片、獎賞用的小玩具。

製作：分別將「戳戳樂」的盒子與骰子，貼上動物圖片。

玩法：玩擲骰子，依照擲骰子結果，找到「戳戳樂」盒上的該項動物，就可以得到「戳戳樂」盒子裡面的玩具喔！

小撇步：可引導孩子說出該動物的名稱、特徵、喜歡的食物等，並可依孩子的認知能力，設計不同的玩法！

延伸應用：

　　1.智力遲緩幼兒：將骰子以及「戳戳樂」盒子上的同一種動物，用同一顏色做視覺提示。也可以減少格子數，或將盒子的另一半暫時用紙蓋住，以降低複雜度。

　　2.肢障幼兒：使用工具替代手指，如改用筆戳、用棒子敲破。

「找一找」配對遊戲

目標：物品名稱與配對、預測能力。

材料：鐵盒、乒乓球、圖卡、木條、木板、彩石（可在水族專賣店購買，或用其他替代品）

製作：1.以木條及木板訂製成彈珠台，再用彩石排列不規則的路徑。

　　　2.6個包上不同顏色圓紙筒，直徑要大於乒乓球。

玩法：1.大人當老闆，孩子當顧客；或輪流。

　　　2.請孩子拿乒乓球從不同顏色的圓紙筒投出。

　　　3.再從洞鐵盒中，找出乒乓球所落入的格子內的相同圖卡。

　　　4.答對了，一定要給孩子增強物，就像早期可以得到香腸一樣。

小撇步：1.每次玩，只擺放單一類型的圖卡。

　　　　2.形狀、顏色或功能的配對卡，皆可使用。

延伸應用：針對感官學習型的幼兒，可將圖卡做成觸覺卡、鏤空卡或嗅覺卡。

創意好好玩

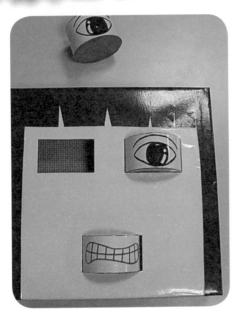 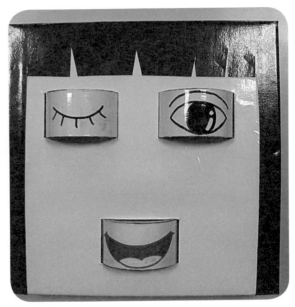

「大頭娃娃臉譜」

目標：臉部、表情的認識、三指「拿」與「壓」的動作訓練。

材料：紙盒1個、空罐頭6個、粉彩紙、護貝膜。

製作：1.依空罐頭的大小，在紙盒上挖出眼睛與嘴巴的位置。

　　　2.用粉彩紙包裝紙盒，做臉部皮膚。

　　　3.在完成包裝的紙盒上，畫上頭髮。

　　　4.用粉彩紙包裝空罐頭，並分別在空罐頭的二側邊，畫出睜開與閉著的雙眼、笑與生氣的嘴巴。

玩法：1.向孩子介紹「睜開的雙眼」與「笑笑的嘴」的臉譜。

　　　2.接著，再介紹「閉著的雙眼」與「生氣的嘴」的臉譜。

　　　3.可以讓孩子自由的玩「眼睛」與「嘴巴」的臉譜排列組合，但需留意放置的正確位置。

名稱	**伊甸超市**
適用年齡	3～6歲
設計者	沈小鳳
目標	1.增加對語詞的認知能力。
	2.培養模仿的能力。
	3.會自己挑選喜歡吃的食物。
	4.知道多吃蔬菜水果的好處。
材料	禮品盒、蔬果模型、名稱卡、飲料空盒。
製作	1.包裝禮品盒及飲料空盒，組合成一間超市的情境。
	2.將護貝好的蔬果注音字卡，黏貼在包裝好的飲料盒上面。
	3.蒐集蔬果塑膠模型，並用籃子裝好。
操作	【活動一】利用「三段式教學法」。舉例說明如下：
	1.第一階段：指鳳梨，大人說：「這是鳳梨。」
	2.第二階段：對孩子說：「給我鳳梨。」
	3.第三階段：指鳳梨，問孩子：「這是什麼？」
	【活動二】買菜
	1.操作前，需讓幼兒熟悉蔬果的名稱。
	2.將擺在籃子裡的蔬果模型，依注音卡標示放入飲料盒。
	【活動三】延伸應用
	1.蔬果分類及數量遊戲，如：「你吃了幾種水果和蔬菜？」
	2.挑選喜歡吃的食物，再和字卡配對，同時放入飲料盒。
	3.買賣遊戲：開菜單，上超市買菜。另可加入價格標示，練習錢幣的應用。

(二)空間概念

創意好好玩

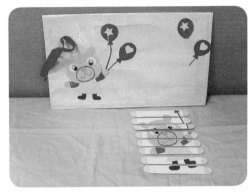

「拼拼湊湊」

目標：「上、下、左、右」空間概念的建
　　　立、「等份」概念的學習。

材料：A4大小的紙卡及盒子收納成品用。

製作：1.找到孩子有興趣的圖形各2份。
　　　2.按照孩子空間概念發展能力，將
　　　　子卡分割成二等份、四等份或不
　　　　規則形狀皆可。
　　　3.將子卡與母卡護貝後，即完成。

玩法：1.向孩子介紹遊戲及圖卡名稱。
　　　2.將母卡做為底板，讓孩子一一拼
　　　　上。

小撇步：1.在深色的桌面上排列，有安定
　　　　　情緒的作用，以及有助專注力
　　　　　的延長。
　　　　2.選購學習桌的桌布時，不宜太
　　　　　花俏，以免干擾孩子的視覺學
　　　　　習。

「小熊拼拼樂」

目標：認識數字1～8及序列。

材料：厚紙板。

製作：1.選定孩子喜歡的圖示2份（如
　　　　小熊），一份黏在母板上，並
　　　　在母板畫上些裝飾的物品（如
　　　　汽球）。
　　　2.將子卡分割八等份，並在每張
　　　　拼圖的後面標示數字。
　　　3.用護背膜將母子卡護背，即完
　　　　成。

玩法：1.母卡的紙板，可供幼兒做拼圖
　　　　的比對。
　　　2.也可以讓幼兒直接在母卡紙板
　　　　上面做拼對。
　　　3.依拼圖後面的數字排列，也可
　　　　以練習數的序列概念。

（三）速度概念

創意好好玩

「滑水」

目標：認識速度與斜度、斜度與兩端高
　　　低的關係。

材料：玻璃珠、滑道2組（可用木板條
　　　自行製作）、底座數組。

製作：1.滑道2組，可利用木板條自行
　　　　製作成ㄇ型滑道。
　　　2.底座每組2個，高度要相同，
　　　　各組的高度要不同。

玩法：1.二人一組比賽，讓孩子自己選
　　　　擇底座，並預測哪一組會比較
　　　　快及說明理由。
　　　2.引導孩子了解斜度與速度，下
　　　　坡時坡度與速度快慢成正比。

「溜冰」

目標：認識速度與斜度、斜度與兩端高低
　　　的關係、不同材質所產生阻力的比
　　　較。

材料：木板、鋼杯2個、彩色膠帶、玩偶2
　　　個、滑道2組。

製作：1.選擇一木板約45 x 70公分，大小
　　　　不拘。
　　　2.中間貼上彩色膠帶，分隔兩邊材
　　　　質的差異。
　　　3.在其中加入一半的木板貼上有紋
　　　　路的膠帶，製造阻力。
　　　4.選擇2個同樣的鋼杯，放入不同
　　　　的紙型玩偶（小玩偶）。

玩法：可以用比快、比慢，或是換上不同
　　　數目的乘坐者（重量的改變）的比
　　　賽方式，和孩子一起玩。
　　　**「哇！快看，小白兔的溜冰速度比
　　　較快耶，小貓咪加油！」**

三、推理思考

「小小偵探家」：是誰偷喝了那杯飲料？小朋友請將喝了那杯飲料的人圈起來！

「連連看」：「哇！下雨了，怎麼辦？」哪一個是正確的答案？

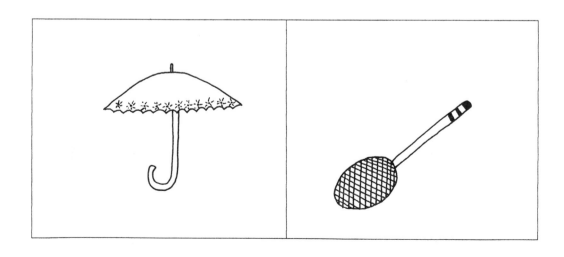

「連連看」：「太陽好大，好熱喔！」哪一個是小朋友想的正確答案？

四、專注力

如何才能夠提升孩子的「專注力」？蒙特梭利發現，當孩子只要是「自己選擇」的工作時，就會有「反覆進行」的現象，而當孩子不停的反覆同一工作時，便能夠進入「專注」的境界。Bricker、Pretti-Frontczak和McComas（盧明譯，2001）在《活動本位介入法》一書中，強調以「幼兒為中心」、「幼兒動機」、「幼兒興趣」等考量條件下的實施活動，幼兒學習的專注投入程度，表現最佳。

吸引幼兒專注於活動的要件如下：

　　1.不論是幼兒與人或玩具的互動，讓幼兒為主動開始和引導者。

　　2.大人跟著幼兒的引導，參與其中。

　　3.適時根據幼兒的需要，提供訊息和回饋。

　　4.上述三項要點，可運用在家庭、學校、商店、遊戲場等生活情境。

培養孩子專注力的做法如下：

　　1.孩子在畫圖、玩玩具或閱讀時，避免干擾他。

　　2.別讓孩子一心二用，例如：吃飯時，不要看電視或聽教學錄音帶。

　　3.不要催促孩子，應預留充分的時間。

　　4.給予孩子足夠的時間及反覆的次數。

　　5.尊重孩子的自由選擇，並給予適當的引導。

最重要的一點，要幫助孩子建立成功的經驗，方可培養真正的專注力喔！

創意好好玩

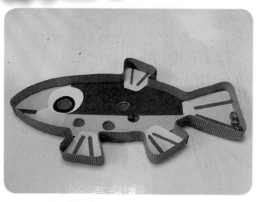

愛的小叮嚀
不適宜給口腔期幼兒操作，易誤吞，危險！

「卡位遊戲」

目標：專注力訓練。

材料：彩色瓦楞紙、玻璃珠、瓦楞紙板。

製作：把彩色瓦楞紙裁成魚板形狀，在魚形中間挖幾個小圓洞，然後放入魚板中。

玩法：讓孩子用手拿住魚板，左右搖晃，想辦法將彈珠搖進小圓洞裡。

延伸應用：手眼協調能力較弱的幼兒，可以使用壓舌板將彈珠撥入。

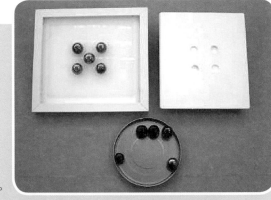

名稱	**目瞪口呆**
適用年齡	4～5歲
設計者	陳秀萍
目標	1.培養手眼協調能力及專注力。
	2.促進空間概念。
	3.增進雙手協調技巧。
材料	大彈珠5顆、鋁條4根、小螺絲數個、廣告招牌6塊、小盤子。
製作	1.將廣告招牌裁成長寬各30公分6塊。
	2.將裁好的廣告招牌，分別取中心點挖洞（洞的大小，以5元硬幣大為準，分別為1～6而排列的規格，與骰子相同）。
	3.利用鋁條分別將廣告招牌的四周固定起來，而其中一邊是可以隨時拆開更換活動版面的。還有，在處理廣告招牌的四周固定時，也要一併將底部封起來。
	4.底部裝上半圓形的物品，可供手部無力的幼童在桌上操作。
操作	1.先向幼童介紹操作安全及彈珠特性，再讓他觀察每塊廣告招牌的不同處。
	2.讓幼童習慣版面的不穩定性，並學習雙手協調性的控制。
	3.依據活動版面上的洞，決定版面上要放幾顆彈珠。
	4.活動的難易度，可視幼童能力而做版面的更換，或增設新版面。
	5.每次活動後，都要讓幼童數一數罐子內的彈珠數量是否正確，並正確做到歸位的動作。

五、記憶力

創意好好玩

「身體健康妙」

目標：訓練記憶力及指認身體部位的能力。

材料：濕紙巾盒蓋、底板、身體部位圖卡Ａ
、Ｂ各2組、子母粘。

製作：將四張不同的Ａ組圖卡貼上子粘貼，
濕紙巾盒蓋內則貼上母粘貼，然後將
Ａ組圖卡貼在濕紙巾盒蓋內（運用子
母粘，可靈活更換不同的圖卡）。

玩法：1.打開濕紙巾盒蓋內的Ａ組圖卡，讓
孩子看數秒。

2.再蓋起濕紙巾盒蓋，請孩子在Ｂ組
圖卡抽一張，找出與Ａ組相同的圖
卡。

3.可更換不同的圖卡，玩法相同。

「對對碰」三三三形狀＋顏色

目標：記憶力、圖形與顏色的辨識、方位概
念。

材料：圓形板、色紙。

製作：用三種不同顏色的色紙，包裝圓形板
以及各剪裁出三種不同的形狀，再將
形狀貼在圓板上。

玩法：孩子對上同一對的圓板，可得代幣一
個。

提示：此圓板教具為本章第四節社會溝通類
「打地鼠」教具（頁178），所切割下
的圓喔！

「猜猜看我是誰！」

目標：圖像與影子的配對、建立空間位置與輪流的概念。

材料：骰子、卡紙板、彩色膠帶、圖卡六種各2組。

製作：1.在卡紙板上以彩色膠帶分割成六格。

　　　2.用黑色的簽字筆描繪圖卡的形狀，做圖形的影子。

　　　3.將其中一組的圖卡貼到骰子上。

玩法：1.將圖卡收起，問孩子：「每一個黑影是什麼東西啊？」

　　　2.讓孩子輪流擲骰子，玩圖像與影子的配對，看誰最厲害喔！

六、數概念

　　「數」是抽象的概念，通常我們會從日常生活、實物及遊戲的方式，傳授給幼兒。一般認為，孩子與生即具有「數」的抽象能力，也就是說，他們有潛能在成長的經驗過程中，自然的吸收順序、大小、長短、量、空間或距離等「數」的關係，進而形成概念。如何促進「數概念」的發展（見【圖6-2】），李芃娟與陳英三（1995）的建議如下：

　　1.讓兒童充分運用觸覺、聽覺、視覺及感覺等感官知覺，去學習與體驗「數量概念」。

　　2.藉由操作性教材教具的訓練和語言的刺激，促進「數概念」的發展，需注意「數與語言間的密切關係」。

　　3.初階的學習：以「排列」、「組合」、「堆疊」、「連結」為主。

　　4.進階的學習：以知覺能力為主，數的合成（聚合）、分解（離散）、計算的練習。

　　5.生活中可多多使用「數概念」的量詞，例如：每次、每個、那一邊大、那一邊小、第一、第二等序列、分配、分給、查看看、相同、一樣、不一樣等。

　　6.適當的運用教學技巧的變化，幫助兒童理解學習內容，鼓勵重複練習，並適時予以回饋。

【圖6-2】兒童的「數量概念」發展階段

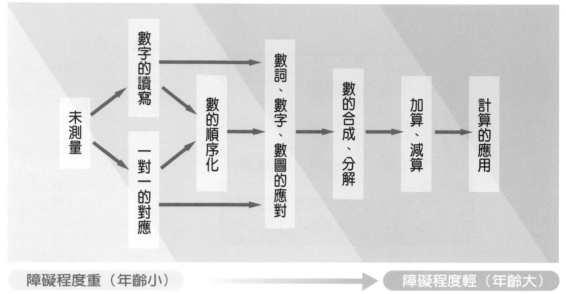

資料來源：李芃娟、陳英三（1995）。

(一)未（非）測量：量的比較、形狀的比較

「立體形狀組」

目標：形狀、顏色的配對及觸覺訓練。

材料：不織布、填充用化學棉花、子母粘、喜餅紙盒。

製作：1.用不同顏色的不織布，剪裁出不同的幾何圖形。

2.將裁好的2片相同幾何圖形，用化學棉花填充並縫合，成立體狀。

3.分別在紙盒與製妥的立體形狀組，貼上子母粘。

玩法：1.讓孩子玩形狀的配對。

2.形狀命名學習，利用三段式教學法。

延伸應用：

1.觸覺敏感幼兒：選擇其可接受的質材，替代不織布。

2.自閉症幼兒：採用其慰藉物同質的材料製作立體形狀組，而立體形狀組的排列順暢性，可按其喜好來排列，例如：排橫的。

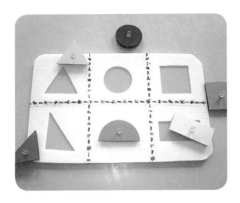

「加柄的形狀拼圖」

目標：形狀的配對、手功能訓練。

材料：深色珍珠板、塑膠地墊、竹筷。

製作：1.將深色珍珠板做為底板，將上層的珍珠板割
　　　　　出幾何圖形。
　　　　2.用塑膠地墊做幾何立體形狀，並將竹筷切段
　　　　　做為柄，崁入或黏上皆可。

玩法：1.讓孩子手拿幾何立體形狀，玩配對。
　　　　2.形狀命名學習，利用三段式教學法

延伸應用：智力遲緩的幼兒，因物品名稱記憶不易，
　　　　　　可利用手勢或嘴形提示，如：用手比三角形的
　　　　　　形狀；或用口語說「三」，讓他接「角形」等
　　　　　　等。

「骰子賓果」

目標：六種圖形的辨識與命名。

材料：骰子、幾何形狀貼紙、電腦。

製作：1.將骰子貼上幾何形狀貼紙（或是可利用塑膠
　　　　　地墊或小盒子加工自製骰子）。
　　　　2.用電腦文書軟體（Microsoft Word）的「快
　　　　　取圖案」繪製幾何形狀的母板，列印出來並
　　　　　護貝。
　　　　3.利用幾何形狀母板的電腦檔，另設定不同深
　　　　　淺的底色，列印後並護貝，再剪下各幾何形
　　　　　狀，即成為幾何形狀的子卡，可製作數份。

玩法：二人一組或全家一起玩，輪流擲骰子，玩形狀
　　　　的配對，看誰最先完成！

延伸應用：

　　　　1.上肢障幼兒：用腳將骰子往牆壁踢擲，說出
　　　　　形狀後，請其他人協助圖卡的排列。也可以
　　　　　將圖卡放大製作，改用腳來移動圖卡。
　　　　2.智力遲緩幼兒：擲出骰子後，將骰子平行移
　　　　　至母卡旁比對。也可以將同一種形狀的母卡
　　　　　排在同一區，幫助幼兒比對發現。
　　　　3.動作或聽覺的訓練：可在骰子內加上鈴鐺，
　　　　　讓孩子玩丟擲，發出聲響即可。

(二)**數字的讀寫**：砂紙數字、數字卡、數字賓果、打地鼠

創意好好玩

「抽牌樂」

目標：數字認知及記憶遊戲。

材料：數字卡片2組。

玩法：1.活動前，先教孩子認識1～10數字卡。

　　　2.說明遊戲的方式及規則：

　　　　(1)二人一組，自由安排數字的位置，再打開讓對方看數秒。

　　　　(2)將相同的數字卡，抽出配對。

　　　　(3)輪流互抽。

　　　3.一張一分，輸者被搔癢，一分一下。

延伸應用：卡片可換成注音符號或其他圖形。

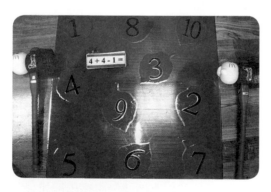

「打數字地鼠」

目標：計算、記憶及手腳反應。

材料：色卡紙、瓦楞板半開、護貝膜、1～10加減卡、小圓鉤、鎚子2把。

製作：1.用色卡紙剪出10個楓葉狀，貼上數字後，護貝之。

　　　2.製作計算題組卡，並護貝，在左上方打洞，用圓鉤串好。

玩法：1.三人一組，一人給題目；另二人一人一把鎚子，並比賽敲打正確答案。答對者，得一個代幣。

　　　2.最後，分別點數代幣，看誰贏得多。

延伸應用：

　　針對智力遲緩幼兒，可運用下列撇步：

　　1.提供實物，數數後，再敲打該數字。

　　2.將計算題組卡，改為數字，做數字辨識。

「豆豆數字卡」

目標：建立範圍內概念及辨認數字。

材料：色卡紙、數字（白色）、豆子。

製作：將數字貼在色卡紙上即可。

玩法：1.在色卡紙的數字上，塗抹膠水。

　　　2.孩子手拿豆子，將豆子黏在數字上。

延伸應用：

　　　1.觸覺敏感幼兒：改用手塗廣告顏料，
　　　　去操作。

　　　2.張力低、上肢障、雙手協調力弱、注
　　　　意力缺陷的幼兒：可運用黏土取代豆
　　　　子，並將黏土搓成長條狀，黏在紙板
　　　　的數字上。

「大樂透」

目標：數字的辨認。

材料：空罐子、彩球多個、數字貼紙。

製作：將彩球貼上數字，放入罐子中。

玩法：以卜卦方式，上下搖晃罐子，使得球掉
　　　出，讓孩子說出該球上的數字。

(三)一對一的對應：空罐、夾子、衣架、顏色方塊

創意好好玩

「瓶蓋開口笑」

目標：建立一對一對應的概念。

材料：相同數量的大小瓶蓋及玻璃珠、大小托盤
　　　各一個。

玩法：引導小朋友一個瓶蓋放入一個珠珠，大瓶
　　　蓋放入大珠珠，小瓶蓋放入小珠珠。

延伸應用：可以改用夾子夾或舀，訓練不同的精
　　　　　細動作。

創意好好玩

「夾夾臉譜」

目標：建立一對一對應的概念。

材料：圖卡、夾子。

玩法：1.讓孩子任意在圖卡上夾夾子。
　　　2.在圖卡貼上貼紙，指引孩子夾，做視覺提醒。
　　　3.創意造型：可以夾子做為兔子的鬍鬚、小女生的頭髮……。

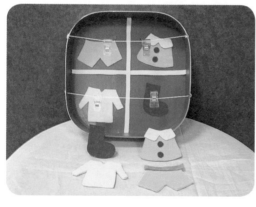

「曬衣盒」

目標：夾與配對、建立一對一對應、空間與歸位概念。

材料：不織布、餅盒、繩子、夾子。

製作：1.用不織布剪裁各類衣物的形狀，做2份。
　　　2.將其中一份裁好的衣物，貼在盒底。
　　　3.將繩子固定盒內的兩端，做為曬衣桿，並在繩上夾夾子。

玩法：1.請孩子找出與盒底相同的衣物，並夾在繩子上。
　　　2.為盒底的衣物，搭配成一套。

延伸應用：視功能障礙幼兒的空間概念訓練，可將繩子與夾子移開，教導「左上、左下、右上、右下」的空間概念。

「彩繪蛋的家」

目標：運筆練習、建立一對一之對應概念。

材料：彩繪蛋與水果保護盒。

製作：1.依水果保護盒洞數，購買等量的蛋。
　　　2.將蛋挖一小洞，將蛋黃及蛋白倒出。
　　　3.將蛋一一彩繪，晾乾。

玩法：引導孩子將彩繪蛋放入。強調「一個」、「一個」的概念。

延伸應用：視功能障礙幼兒的方位訓練，可將水果保護盒改以時鐘型的圓盤，讓孩子以三點、六點、九點及十二點的方向，依序將彩繪蛋放入。

(四)**對唱與順序數數**：拼圖、找尋數字、走數字板、套指環

創意好好玩

「市售數數表大變身」

目標：數字的認識。

材料：市售的「數數表」、子母粘、紙板。

製作：1.在紙板上，按順序橫黏十排的母粘貼。

2.將市售「數數表」的數字一個一個剪下，黏上子粘貼。

玩法一：將數字分成二組，輪流喊對方的數字，找到後，貼在正確的位置。

玩法二：二人一起玩時，可以製作2份，比賽完成的速度與正確度。

小撇步：

1.可依孩子的能力，衡量數字的多少，可以是玩1～5、1～10，或1～30、1～100。

2.字卡大小也可自製，手功能較弱的孩子則可將字卡加厚、加大。

3.可設計加入自我校正與視覺提醒的功能。如多購買一張數數表，一張做為底板，孩子只要找到相同的數字貼上即可。

「數字手指偶」

目標：認識1～10的數字。

材料：手指套玩偶、1～10的數字。

製作：將1～10數字，黏貼在手指套玩偶上。

玩法：大人可以唱數字歌謠：「一隻青蛙呱、二隻青蛙呱呱、三隻青蛙呱呱呱、四隻青蛙呱呱呱呱……」，讓孩子在活潑愉悅的氣氛下，認識數字。

(五)數圖、數字、數詞的對應、算術列車

創意好好玩

「圖形接龍」

目標：認識形狀與顏色、規則的遵守。

材料：白色及彩色卡紙、護貝膜。

製作：1.用彩色卡紙，剪裁各式幾何圖卡。

　　　2.將白色卡紙，剪成同等大小的長方形。

　　　3.將幾何圖卡兩兩一對，黏貼在白色的長方形上，並護貝。

玩法：1.二人輪流，找出一邊相同的圖形，連在一起！最後一個無法找到的就算輸。

　　　2.也可改成數字接龍、數點或圖案。

延伸應用：

　　　1.視功能障礙幼兒：以不同素材製成立體圖，並可運用砂紙、白膠＋廣告顏料、壓克力顏料或魔術筆等工具，繪製外形，讓立體圖外觀凸凸的，可幫助幼兒摸讀喔！

　　　2.上肢協調不佳的幼兒：可將形狀卡貼在長方型體積木上，幫助抓握觸摸。

「買賣遊戲」

目標：實物對應、認識數字、單位、錢幣應用。

材料：各類蔬果模型、籃子、價目表、日常實物（如：毛巾、文具……）。

玩法：1.進行買賣遊戲前，要讓幼兒先有摸、嚐過該物品的經驗。

　　　2.讓我們手牽手，上市場去享受一下購物的樂趣吧！

小撇步：事前預備圖卡或購物明細單，提供幼兒找尋與購物。

延伸應用：

　　　1.視功能障礙幼兒：利用嗅覺，可請幼兒購買氣味明顯（或味覺差異大）的蔬果或物品，例如：橘子或香蕉等口味的牙膏、香皂等物品。

　　　2.觸覺敏感幼兒：讓幼兒用手腕勾塑膠袋或背袋子前往購買，減少因觸覺敏感而拒絕學習的情形。

　　　3.聽語障幼兒：可結合手語手勢、溝通圖卡的使用，溝通板則要預先錄好音，如「老板我要……」、「多少錢……」等語句。

「鞋子排排樂」

目標：建立「雙」的概念與生活常規。

材料：色卡紙、護貝膜。

製作：全家人或班級師生，把每個人的腳型畫在色卡紙上，再剪下腳型，貼在合適的地方並護貝之。

玩法：1.每一個人把自己的鞋子一雙一雙拿出來，擺放在已貼妥的腳型色卡紙上。
　　　2.擺好後，數算一下，總共有幾雙鞋子呢！

延伸應用：肢障幼兒參與此遊戲時，因無法畫自己的腳型，可由家人或老師代畫。另也可以提供三角筆或套上握筆器，讓肢障幼兒幫忙他人畫腳型，使其有參與感！

(六) 數的合成與分解

創意好好玩

「算術列車」

目標：學習數字的分辨或排列。

材料：各式幾何形狀的積木、數字貼。

製作：將1~10的數字貼在積木上，就輕鬆完成囉！

玩法：1.讓孩子發揮創意，將積木拼成一台列車。
　　　2.再依次請問孩子，列車上每一個車廂的「號碼」是多少？或是每一個車廂的乘客數量？

創意好好玩

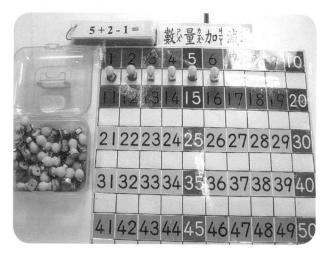

「小鴨鴨飛來飛去」

目標：連續加減的算術練習。

材料：市售「數數表」、計算題組卡、小鴨玩具（也可以用棋子代替）。

製作：市售的「數數表」加工，參左圖。

玩法：1. 可以用故事性方式，先向孩子說明遊戲規則，讓孩子知道：小鴨「飛來了」＝加（＋）；小鴨「飛走了」＝減（－）。如此，有助提升孩子對數計算的應用喔！

2. 例題：「看！有5隻可愛的小鴨鴨飛來了耶，又有2隻小鴨鴨也跟著飛來了，哇！有1隻小鴨鴨先飛走了，這邊還有幾隻小鴨鴨呢？」

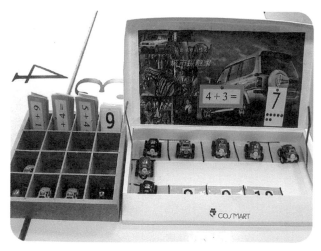

「賽車大賽」

目標：加法的算術練習，強化加法的概念。

材料：車子玩具、計算題組卡以及答案卡。

玩法：1. 將「車」作實物的計算。

2. 「今天我們要來舉辦一場賽車大賽喲，我們來看看，有多少位賽車選手開車來報名參加。現在有4輛賽車，哇！又有3輛賽車來了！」

七、認知概念學習單
　　(一)同與不同　　★你能看出其中的不同嗎？請將不同的動物圈出來。

(二)身體部位　　★這些衣飾請幫忙穿戴在合適的身體部位。

（三）物體大小　　★動動腦比一比！最大的打∨，最小的打○。

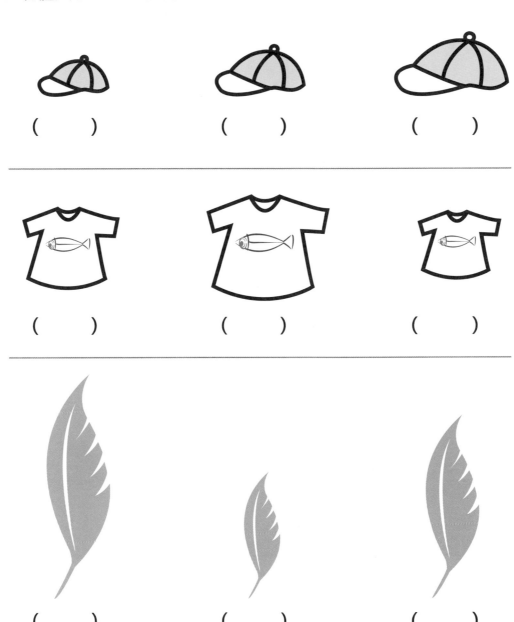

（　　）　　　　　（　　）　　　　　（　　）

（　　）　　　　　（　　）　　　　　（　　）

（　　）　　　　　（　　）　　　　　（　　）

(四)形狀　　★數一數，各有多少個○□△呢？

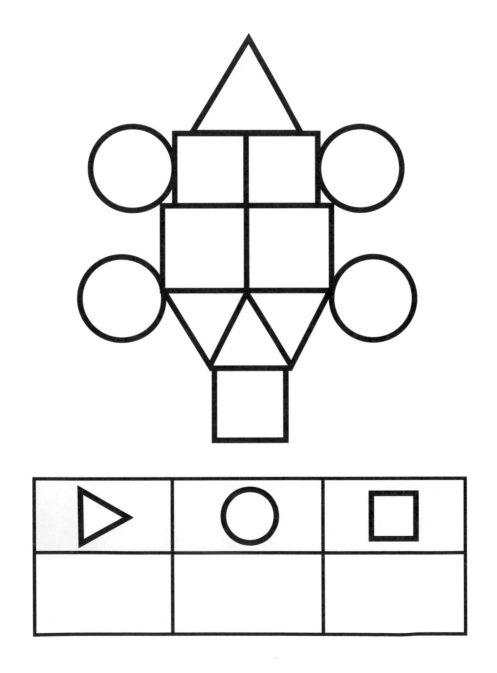

★親愛的小朋友，請你動動腦，上方的圖形，應配哪一個數字才正確？

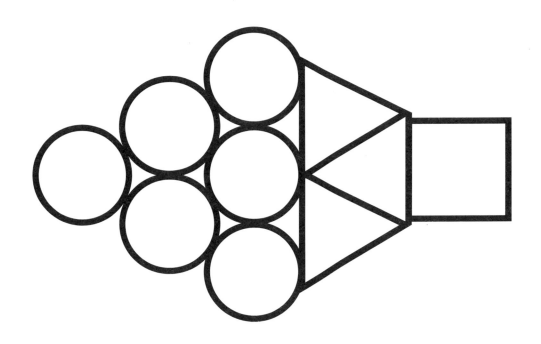

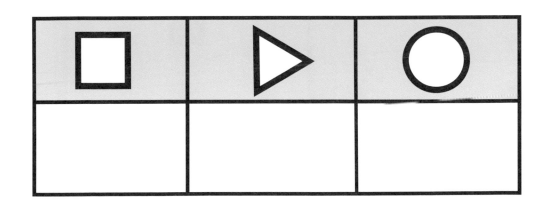

（五）長度　　★親愛的小朋友，請你比一比！長的打∨，短的打X。

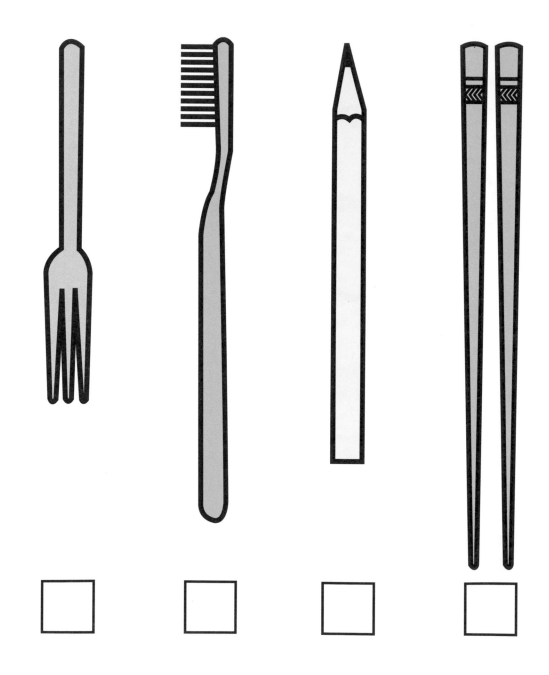

（六）重量　　★好好吃喔！哪邊比較重？重的請打∨。

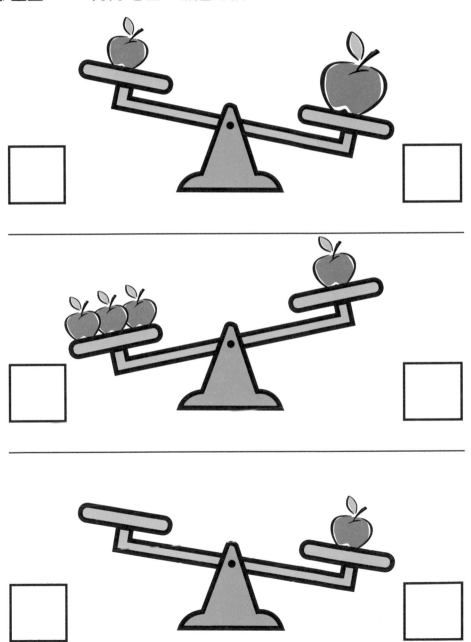

（七）容量　　★小朋友，請你看一看！比一比！哪一個瓶子中的水比較多？

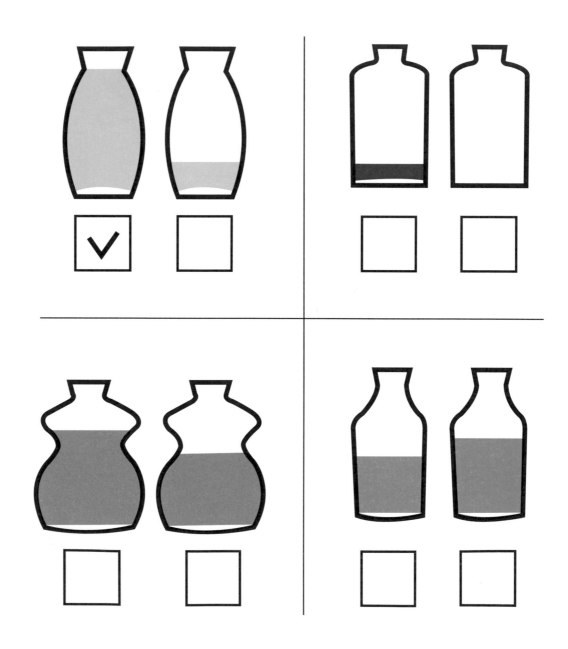

（八）數與量　　★哇！請你看旁邊的「數字」，替毛毛畫出「量」！

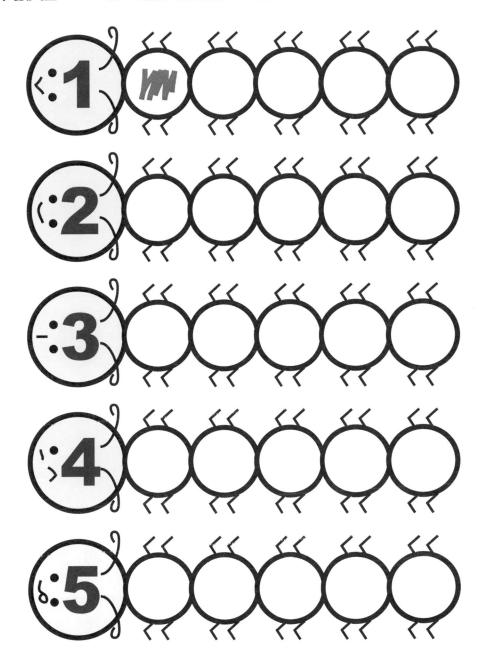

★親愛的小朋友，請你動動腦，左邊的動物數量，應配哪一個數字才正確？

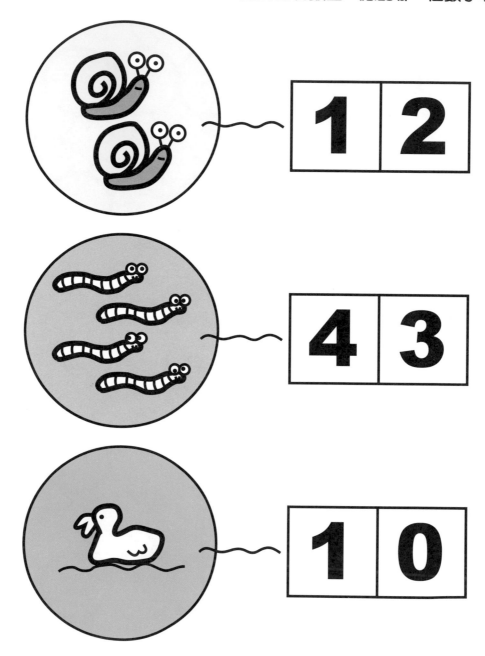

★親愛的小朋友，請你動動腦，左邊的物品數量，應配哪一個數字才正確？

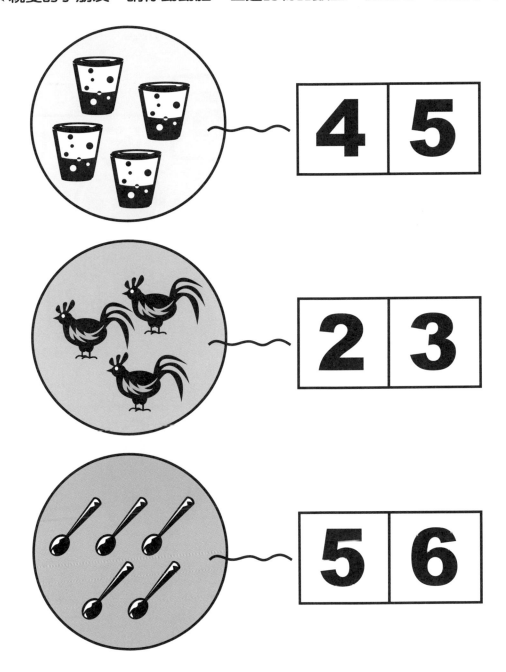

(九) 數的合成分解　　★好好吃喔！請小朋友數一數，蘋果、西瓜有多少個？

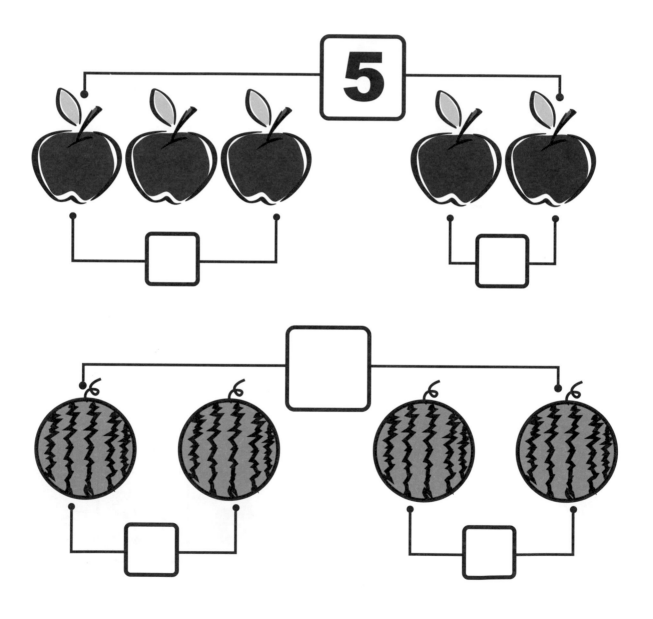

★請小朋友數一數，小精靈及喇叭各有多少個？

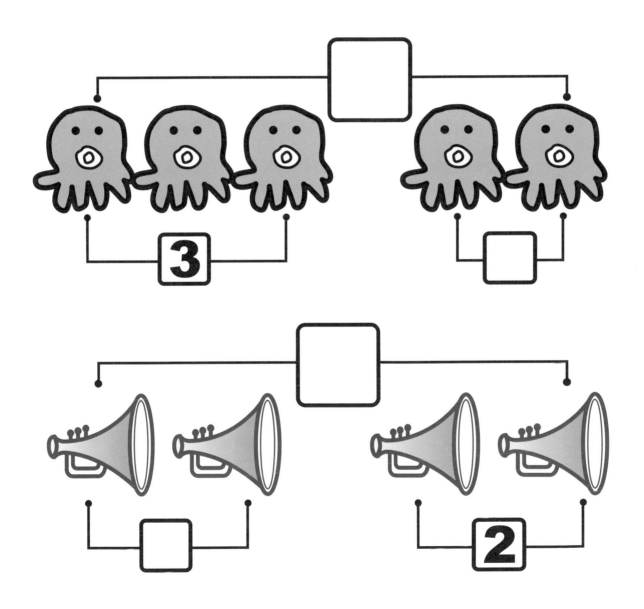

第四節　社會溝通類

一、社會情緒

　　幼兒自出生起，每一個年齡層的社會行為發展都不同，除了其所接觸的人、事物、環境不斷的改變並逐漸擴大，社會行為也由依賴轉變為自主。然而，發展遲緩兒則因受限於認知與語言能力的不足，導致其社會性的互動技巧需要更結構化、計畫性及技巧性；人際關係技巧也須仰賴大人的介入與示範。也就是說，除提供重複練習及生活化的學習機會外，老師及同儕的鼓勵接納，更是發展遲緩兒能否健康的在社會中成長的關鍵因素。除此之外，有許多的方式都可以促進良好社交技巧的建立，包括：模仿、直接指導、激勵、正面性的練習……等。

　　在此要提醒您的是，社會性學習的重要性以及難度不亞於認知學習，它影響孩子的一生。筆者建議您及早開始為孩子開啓社會性學習之旅，2歲可是不嫌早哦！一開始可以家庭為練習場所，鼓勵孩子學習家事的參與。您知道嗎？讓孩子做家事的學習效益，可是很驚人哦！除了可以練習基本的手部操作能力以及培養責任感，同時也是自小學習團隊分工的最好方式。還有，在家中經常性的使用禮貌用語、請求協助、輪流與家庭規則的遵守練習等，也都是幫助孩子學習社會技巧，建立良好的社會人際互動關係的明智做法。

　　由於社會情緒與溝通領域的相互重疊性高，本節教具的呈現，以社會互動性的教具為主。透過人際互動的遊戲過程，創造語言與肢體的自然互動，也能將輪流、等待的社會性規則及專注、數數、概念、記憶、動作等學習目標一併銜入，可謂一舉數得。

(一) 幼兒的社會情緒發展

　　王春展（1997）認為，兒童愈能敏銳察覺出悲傷、快樂、恐懼等情緒，愈能接納這些感覺，也較能在社會互動關係中管理他們的情緒，而更具「同理心」。【表6-3】提供嬰幼兒在各年齡階段的情緒發展狀況，好讓老師及家長們重視孩子的情緒狀態，以幫助孩子認識與察覺自我情緒、習得健康的情緒管理技巧，同時也協助孩子去察覺他人的情緒狀態，進而能夠對他人提供合宜的同理、支持與關心等情感能力，為孩子奠定良好的人際關係發展基礎。

【表6-3】 幼兒的情緒發展、特質與輔導重點

年齡	情緒發展	特質／輔導重點
0歲	啼哭	以啼哭方式表達需求，是人類最原始的痛苦情緒表達及情緒行為。
0～3個月	痛苦 快樂	嬰兒的笑，是第一個社會性行為。透過自發性的笑或反射性的笑，希望引起他人對其積極的反應。
3～6個月	恐懼、厭惡、憤怒	身體受拘束或需求無法獲得滿足，或是需求進行時遭中斷，而產生憤怒。易受巨大聲音刺激而產生恐懼。
	快樂	持續的出現社會性微笑，對照顧者微笑並揮舞四肢，企圖擁抱，但動作不協調。
6～12個月	恐懼、厭惡、憤怒	幼兒會以亂發脾氣，表示憤怒。
	高興、喜愛	已能針對不同個體有不同反應，稱之「選擇性社會微笑」，如：伸雙手渴望被所喜愛的人擁抱。
12～18個月	恐懼、厭惡 憤怒、忌妒	亂發脾氣的次數愈多及時間的持續愈久。 若媽媽生下老二，會因爭寵而產生忌妒。
	高興、喜愛 （對成人或兒童）	常會在遊戲中，發出「咯咯」、「咕咕」的笑聲。
18～24個月	恐懼、厭惡 憤怒、忌妒	進入幼稚園後，為爭取老師的愛而產生忌妒，有時會回歸新生兒的行為模式，產生所謂的「退化現象」。對於亂發脾氣的幼兒，可採取「轉移」或「忽略」。
	高興、喜愛、喜悅 （對成人或兒童）	2歲後，幼兒在愉快的笑聲中，常同時伴隨著語言的出現。

資料來源：王淑芳、萬志成（1997：122-125）。

創意好好玩

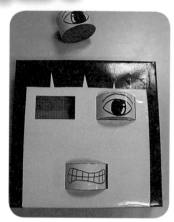

「大頭娃娃臉譜」

目標：讓孩子表達出及認識自己的情緒狀態。

材料與製作：還記得這個教具的做法嗎？在第三節的教具介紹過喔，動動腦、想一想……

玩法：今天的心情如何？

1. 大人做示範：「這是我現在的心情，不快樂，因為我身體不舒服。那你呢？」引導孩子說出，或用手勢比出，若孩子口語表達不流利，也可以用反問的方式，如：「你的心情不好？很生氣？」。

2. 原因的探詢：「怎麼了？」

3. 給予支持、關懷或回應，如：肢體的回應，擁抱，拍肩，口語的同理。

4. 討論或提供紓解情緒的方法：塗鴉、擲沙包、聽音樂、當烏龜把頭縮起來、數到10，讓自己安靜一下、到安靜角坐一下等。

小撇步：情緒是與生俱來的，在不同的事件狀況中有不同的感受，生氣、傷心等感受都是可以表現出來的，但以不可以傷害自己和他人為原則，紓解情緒的方式各有不同，要不要試試看呢！

「情緒臉譜」

目標：讓孩子表達及認識自己的情緒狀態。

材料：卡紙、彩色筆、抒情與輕鬆不同風格的音樂。

製作與玩法：

1. 邀請孩子畫出今天的心情在紙卡臉譜上。

2. 說明進行方式：當音樂響起時移動身體，可以用步行的快慢來表達心情，音樂停下來時，2人互相拿出自己的心情卡，互問：「今天心情如何？」「我很快樂！」「今天心情如何？」「我很傷心?」

3. 進行約3～5分鐘後，換上較為輕快的音樂約2分鐘。

4. 請每個人重新畫出「心情臉譜」。

5. 再進行步驟「2」一次。

6. 最後，請孩子分享心情是否有所改變？

創意好好玩

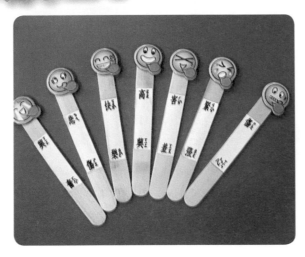

「心情籤」

目標：建立情緒紓解的管道。

材料：壓舌棒（表情磁鐵）、罐子、簽字筆。

製作：1. 選幼兒較能了解的心情字彙：傷心、生氣、高興等。

2. 在壓舌棒的後面寫心情字彙或用電腦打字黏貼上，再將壓舌棒放入罐子。

玩法：1. 以卜卦的有趣方式，請孩子抽心情籤。

2. 引導孩子分享「什麼時候，會有那樣的心情」，並鼓勵孩子用完整句子表達，如：抽到哭臉者可分享：「媽媽打我時，我很傷心。」

「丟丟心情桶」

目標：建立情緒紓解的管道。

材料：報紙與大垃圾桶。

玩法：1. 指定孩子分享「我很生氣的事件」。

2. 分給孩子數張報紙，揉成球。告訴孩子，當你遇到令你很生氣的事情時，可以找些報紙用力的壓揉，並且說：「我很生氣」，再用力將每一顆球丟進垃圾桶，直到生氣的情緒穩定下來。

3. 找機會，讓孩子說出那個令他很生氣，以及為什麼讓他會很生氣的原因。

創意好好玩

「縮頭烏龜」

目標：學會生氣衝動的自我控制方法。

玩法：一邊說故事，一邊表演烏龜玩偶……

1. 引起動機：和孩子一起唱「王老先生有塊地……」，將各種動物帶入歌曲中。
2. 主題活動：老師說「王老先生的故事」。
3. 回應活動：邀請所有的孩子們一起練習「縮頭烏龜功夫」。

> 　　王老先生的牧場裡，小白兔們老是看不起烏龜先生，總是欺負牠，笑牠是假紳士。喜歡惡作劇的小白兔們計畫破壞烏龜先生有禮貌形象，於是他們在烏龜先生去工作的路上丟滿了香蕉皮。一大早，烏龜先生一出門口，真的踩到香蕉皮就跌倒了，衣服弄髒了，眼鏡也破了，小白兔們卻在一旁大笑著說：「來打我們啊！膽小鬼！」
>
> 　　奇怪的是，烏龜先生爬了起來，不但沒有生氣，反而開始做著：「握緊拳頭、握緊、再握緊」、「放鬆、放鬆、再放鬆」、「握緊拳頭、握緊、再握緊」、「放鬆、放鬆、再放鬆」……。
>
> 　　然後，烏龜先生將頭伸進去衣服裡很慢的數著：「一二三四五六七八九十，我要忍耐，深呼吸、吐氣」、「一二三四五六七八九十，我要忍耐，深呼吸、吐氣」……。不知不覺的，小白兔們也跟著烏龜先生練起這套縮頭功夫，而且牠們很勇敢的向烏龜先生認錯，並得到了牠的原諒。
>
> 　　後來，小白兔們變得非常尊敬烏龜先生，並且，當牠們衝動想要調皮、快要生氣的時候，他們總是會練習烏龜先生的衝動忍耐術，於是，王老先生的牧場裡，就再也沒有打架生氣的事情發生了，因為每一種動物都學會了這套功夫。

誠心推薦您和孩子一起閱讀的「兒童情緒管理繪本」

　　情緒管理不是一門透過聽課就能學會的功課，往往身教的影響更為顯著喔！小孩的情緒很容易被大人牽動，如果大人習慣將自己的負面情緒投射在小孩身上，哪怕只是一個生氣的眼神，也可能會造成骨牌效應。總括來說，大人和小孩的情緒及情感需求都是必須被了解與關心的。介紹下列書籍，提供您教育孩子情緒管理時的參考。

好一個吵架天／劉清彥譯／上誼出版社
作者用貼近小孩心情與認知的方式，呈現情緒的感染力。

情緒、心情、感覺／漢聲精選譯／漢聲文化事業有限公司
書中介紹各種不同事件發生時的情緒、心情、感覺……。

我和小凱絕交了／漢聲精選譯／漢聲文化事業有限公司
和朋友吵架了，該怎麼辦？你打算如何重新恢復友好的關係呢？

想念／陳致元作／信誼出版社
小女孩的母親去世了，作者利用如電影色彩鏡頭般的線條流動，貼切的訴盡小女孩回憶的溫暖與感傷……。

生氣湯／柯倩華譯／上誼出版社
作者透過媽媽的角色，展示如何幫助小孩處理情緒的獨門食譜。

小菲菲和新弟弟／柯倩華譯／和英出版社
家中的小寶寶出生後，有什麼不一樣呢？書中傳遞了孩子面臨新寶寶的心情與行為上的轉變，也描繪了父母親角色扮演以及預備新生兒到來的一個正面態度。

創意好好玩

「手指畫」

目標：情緒紓發。

材料：黑色圖畫紙、水彩顏料、節奏明快的音樂。

玩法：1.黑色具有平靜情緒的穩定作用。配合音樂特殊音效出現時，讓孩子用手指沾顏料在紙張上做點、塗或抹的動作，按著節奏引導孩子隨意的塗鴉後，引導孩子說出他的感受。

2.也可以選用特定主題，如「畫出狗狗死掉時的感覺」。

這個玩法在本篇第二節也曾經介紹過喔！「手指畫」果真好好玩，還可發揮不同的效果耶～

認識與情緒障礙孩子的相處方法

　　情緒障礙的孩子通常會表現三種偏差的行為：侵略、退縮和過動。美國伊利諾州卡尼斯（Merele Karnes）特殊教育系教授建議，提供孩子合適難度的問題解決機會，透過解決問題的過程，幫助情緒障礙的孩子，讓他們獲得問題解決的技巧、建立自信心、參與工作，以及獨立面對挑戰的能力。但是切記，太複雜則可能引發孩子的退縮或情緒爆發。

　　退縮型的孩子，通常在主動參與學習情境上會有所遲疑，示範、等待以及讚美會有所助益。

　　侵略型的孩子則需要多鼓勵，並一再的給他們信心和保證，當他們表現出偏激的行動時，幫助他們平靜下來，和他們談論現在的情形、如何解決等，提供孩子嘗試用自己的方法解決自己問題的機會。

　　過動的孩子注意力集中時間普遍較短，試試看這個方法：

　　　　步驟一：觀察孩子一天的節律，找出孩子情緒較為不興奮的時間，並注意他安靜的行為模式。

　　　　步驟二：找出孩子感興趣的活動，會有較高的參與動機。

　　　　步驟三：利用交錯安排動態與靜態活動的技巧，當孩子不安躁動時，即可建議他進行另一活動（黃世毅譯，2002）。

　　漸進的引導孩子建立良好學習習慣與行為的養成，讓孩子在您的懷抱中安全的學習成長，您是孩子生命中的關鍵人物，不要輕言放棄，一定要堅定的相信、存著盼望、忍耐，讓永不止息的愛陪伴孩子及您自己。

特殊幼兒情緒發展

　　希恰堤（Cicchetti）做了一項探討唐氏兒正向情感和害怕發展的研究，觀察到一般幼兒會在4個月大時出現的大笑，唐氏兒則約出現在9個月大時，而且大笑的頻率很低；低張力的幼兒在1歲前則完全無法展現：「煩人的2歲」大約出現在3、4歲期間；分離焦慮、視覺害怕、預期性的嫌惡、防禦反應也都是延宕出現的狀況。平均5歲大唐氏兒社會情緒上的表現約落後1年至3年。

　　縱然如此，希恰堤強調，他們仍與一般幼兒相似，依附主要照顧者，也常常帶著情感投入在玩具探索的情境中、流露出專注、愉悅、活力、想像與成就感。老師：「我做好了！」簡單的一句話，代表孩子豐富而難以言表的情感。您感受的出來嗎？（黃世錚譯，2004）

　　特殊孩子的情緒發展，有退縮型、遲緩型，甚至如自閉症者冷漠型、過度表達型，但是他們與一般幼兒同樣的需要鼓勵、安慰、關心、了解、說明與教導，大人可以示範性的幫孩子說出感覺：「怎麼了？聲音很大，好吵喔！」「這是什麼東西？真可怕！」「小狗不見了，主人很傷心！」「小明的媽媽回來了！他好快樂！」這是一個不錯的法子，也可以同理孩子的感受，試試看吧！

(二) 幼兒的社會行為發展

　　大致上，良好的社會行為發展，會發展出好的人際關係，安全感與歸屬感的社會性需求也將較容易被滿足；反之，除了造成人際關係的不良外，日後將嚴重影響社會適應表現。

　　依照心理學家艾利克森（E. H. Erikson）（王明傑、陳玉玲譯，2000）心理和社會發展論的主張，3～6歲為兒童前期，此時期的發展任務，乃是需要解決自動自發與罪惡感的人格發展危機。當任務成功達成時，兒童的人格特質就會產生自動自發感、旺盛的企圖心、明辨是非並挑戰困難直到獲得成功。但是，當幼兒自動自發的嘗試某事物時，若受到照顧者處以嚴厲懲罰，將使兒童在本時期及日後的發展，對自然的需求慾望感到罪惡。

　　以下為學齡前兒童在各年齡階段的社會行為與人際互動的發展特質，因其與遊戲模式發展有高度的相關性，故也提供輔導上的小建議。

【表6-4】學齡前兒童的社會行為發展階段、特質與輔導重點

發展時期	年齡	發展階段	特質／輔導重點
嬰幼兒時期	2～6個月	物體焦點	1.自我中心：不關心別人的存在，需要成人個別的關心。 2.善於模仿：成人與其他兒童的動作，皆是其模仿的範圍，故應予以良好的示範。 3.缺乏道德意識：分辨是非善惡的能力尚未建立，成人應理解與包容之。
嬰幼兒時期	6～11個月	簡單互動期	
嬰幼兒時期	11個月～2歲	角色互補期	
兒童早期	2～2歲半	無所事事期	1.聯合遊戲：玩伴由成人轉為同儕，良好玩伴的選擇，是重要的開始。透過同儕、玩具與遊戲，建立分享、輪流，並注意他人的互動模式。 2.個性的發展：3歲開始發展個性，在可能的範圍下，不要給太多的限制，以幫助孩子個性的發揮。 3.社會的認可：最需要成人認可與讚許，其次是同儕。 4.學習如何結交朋友、對同儕應有的態度與禮節、相處的社會技巧、培養團隊互助與尊重他人。
兒童早期	2歲半～3歲半	獨自玩耍期	
兒童早期	4～6歲	旁觀期	
兒童早期	4～6歲	平行遊戲期	
兒童早期	4～6歲	聯合遊戲期	
兒童早期	4～6歲	合作遊戲	1.有組織、有故事的情節，其中各人的角色分明，彼此間有互惠性或互補性的行動。 2.會發展訂定出規則、競爭性的遊戲，且能彼此遵守、配合他人以獲得團隊的勝利，這也是日後遵循社會規則的根基。

資料來源：王淑芬、黃志成（1997）、郭靜晃譯（1992）。

「金孫效應」製造社會能力遲滯的兒童

從社會遊戲的發展觀點，社會技巧的發展需要機會、鼓勵和遊戲的支持，因此，成人為孩子導引的遊戲內容、成人與孩子一起玩遊戲的情境，以及孩子的玩伴對象，都是會影響孩子能否發展成熟社會能力的關鍵因素。

孩子與家人間的正向依附行為，是其日後建立與人際間的基本信賴感，但由於少子化的緣故，「金孫效應」孕育而生，產生了諸多不利孩子社會能力發展的現象：

1.主要玩伴被替換成大人，極度欠缺孩子伴。

2.大人過度以孩子為中心，立即順從滿足小孩的要求。

3.孩子間的衝突，大人介入過多或過快。

以上現象剝奪了孩子社會技巧學習的環境與機會，因為，孩子再也不需要輪流、等待、贊同他人、協調、退讓、同儕間的互相競爭與模仿等，反倒養成自我為尊的驕氣，十足的成了社會能力的障礙者。

您會如何做呢？帶孩子參與親戚朋友的家庭活動、提早入幼稚園、參與社區教會週末或週日的快樂營、讓孩子用努力換取標的物、提供孩子解決問題的機會、分擔家事責任、為自己的錯誤負責、強調分享、體貼他人、誠實與孝順等，都是不錯的方法！聖經說：「教養孩子使他走在當行的道路。」才是疼惜「金孫」正確的做法。

如何建立特殊幼兒的社會行為能力

大多數的特殊幼兒，因著注意力、認知、溝通表達及理解能力，或情緒控制能力的限制，影響其社會能力的學習與人際關係，照顧者可應用：「吸引注意、輪流、重複練習、共同參與、持續性的練習」等方法，當孩子有好表現時，立即性的增強讚美、鼓勵、獎賞是很重要的。

家庭，是孩子最早的社會能力學習場合，從小訓練孩子講話音量的控制、合宜的穿著、幫忙倒垃圾、收拾玩具、澆花、倒茶、問候家人、餐桌禮儀、備餐以及餐後收拾、招待客人等。不因著孩子發展慢的關係，而減少或斷絕與親友間的往來，反而應更積極的參與社交的活動，雖然孩子可能會狀況百出而讓您傷透腦筋，但是身為孩子掌舵者的您要沉穩，您可以事先告知親友孩子的狀況，以及需要配合的地方，如：因孩子的專注力、行為控制能力所限，拜訪行程只能安排短暫的5～10分鐘就得離開、由於觸覺敏感孩子不喜歡被觸摸、體重控制中不可以吃糖或甜點，諸如此類的限制、原因、訓練方法及原則等。

開始時會辛苦些，然而付出的心血一定會有成果的，因為流淚撒種的，必歡呼收割呢！及早開始合宜的社交生活，將有助於孩子進入學校及社區適應的學習！

創意好好玩

「摩天輪」

目標：建立輪流的概念與社會性用語、訓練手功能、圖卡的辨識、數量點數。

材料：紙盒、各種顏色卡紙、雙腳釘。

製作：1. 「摩天輪」底座，可利用喜餅禮盒；若太花俏，則可用素色的包裝紙包上。

　　　2. 在底座上端中間處，畫上或用紅色紙卡標上大紅色的箭頭。

　　　3. 製作直徑20公分的大圓盤，並將圓盤平均成八等份。

　　　4. 用不同的顏色紙張標示八等份，並做為大圓盤的底色。顏色的選擇，不要太鮮艷，避免過度刺激眼睛，或造成注意力的干擾。

　　　5. 製作二組直徑7公分的小圓，每組各8個小圓，一組貼在大圓盤上；另一組則做為籌碼。

　　　6. 用雙腳釘穿透大圓盤底座後固定之，試試看，能否輕鬆的轉動大圓盤。

玩法：1. 二人一組。

　　　2. 將一組圖片放在桌上。

　　　3. 輪流旋轉圓盤，圓盤停止時，看誰先找到箭頭指的圖片，並說出圖片名稱。

　　　4. 先將手上圖片配對完成者，即獲勝。

創意好好玩

「天旋地轉」

目標：建立比賽的技能及社會性用語、增進吹與
　　　身體的協調、數數分類及手部能力。

材料：色紙、盤子2個、乒乓球、護貝膜。

製作：1.用美工刀將乒乓球對切成8小片月彎狀，
　　　　再用雙面膠將2片的形狀底交叉處黏住，
　　　　完成後，就有如一個十字狀的小飛碟。

　　　2.準備一個A4大小的盤子，再將3種不同顏
　　　　色色紙貼在盤子上，並護貝，以增加滑
　　　　度。

　　　3.用彩色筆將小飛碟內外塗上顏色或線
　　　　條。

玩法：1.二人一組，進行比賽。

　　　2.用力吹，小飛碟即會旋轉。

　　　3.比賽看誰吹的小飛碟轉得最久。

延伸應用：

　　　1.認識顏色：小飛碟放在盤中的任何一個
　　　　顏色上，先慢慢的晃動小飛碟，左右滑
　　　　動到不同顏色上，來教導孩子認識顏
　　　　色。

　　　2.難度大挑戰：當幼兒可以左右控制小飛
　　　　碟的滑動和旋轉時，就可以嘗試放2個小
　　　　飛碟在同一個盤子上一起旋轉，增加操
　　　　作難度。

「○Ｘ賓果遊戲」

目標：增進社會互動、認識空間位置
　　　、預測的概念。

材料：骰子、黑色紙卡、大紙板、彩
　　　色膠帶。

製作：1.用黑色紙卡剪裁出○與Ｘ形
　　　　狀，各8個。

　　　2.將各3個的○與Ｘ形狀，黏
　　　　貼在骰子上。

　　　3.用彩色膠帶在大紙板上，黏
　　　　貼布置成井字狀。

玩法：1.二人一組。一人選○，一人
　　　　選Ｘ。

　　　2.二人猜拳，贏的先擲骰子。

　　　3.依輸贏順序，輪流放上○或
　　　　Ｘ，先將○或Ｘ連成一線者
　　　　即贏。

賓果遊戲
用彩色筆畫○×，看誰先賓果！

1 · 九格賓果

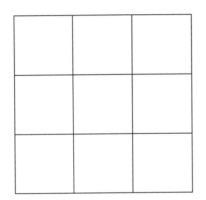 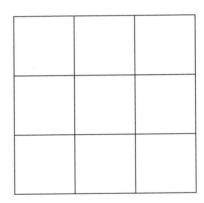

2 · 二十五格賓果

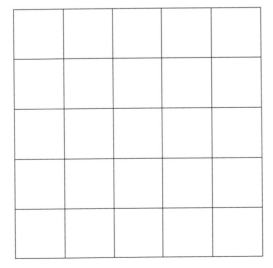

名稱	**打地鼠**

適用年齡　2～6歲
設計者　　吳秀慧
目標　　　1.增加人際互動的機會。
　　　　　2.增進口語表達。
　　　　　3.培養方向概念。
　　　　　4.加強記憶力及敏銳度。
　　　　　5.增強手握的能力。
　　　　　6.提升手眼協調的能力。
　　　　　7.訓練敲的功能。

材料　　　木板（約40cm×70cm）、敲棒一支、地鼠玩偶一個。

製作　　　將木板挖數個圓圈，即大功告成！

操作　　　1.兩人對坐，一人手持敲棒，一人持地鼠玩偶。
　　　　　2.將地鼠玩偶放在木板圓圈洞口的下方，讓對方手持敲棒去敲打。
　　　　　3.可互相交換角色，輪流玩。

二、溝通能力

　　發展遲緩幼兒的語言溝通能力，普遍因受到智力的影響而呈現落後，自然也影響到需求的表達；當需求無法快速而正確的獲得滿足，常會轉而以錯誤手段，如哭、鬧、亂丟東西、耍脾氣，來引起他人的注意。

　　情緒的穩定與否，影響學習的成效。語言治療師王惠宜（2003），在其所著的《推動溝通搖籃的手》一書中提及，當孩子尚未出現口語表達能力或無法完整表達時，大人可利用綜合溝通的模式，即透過手勢、手語、眼神、表情、聲音、口語、肢體動作或各種溝通輔具，為孩子建立溝通的管道，進一步的增進語言發展，也可避免因語言溝通障礙導致不良行為的形成。

　　除了生理因素造成的語言發展遲緩，諸多社會現象的形成，也讓溝通發展的變項更為複雜，若是您的家也是如此的情形，就要多思考彌補的方法。

1. 少子化：兒童出生率逐年減少，家長將孩子視為寶貝，因擔心照顧不周，總搶先滿足孩子的需要，卻剝削了孩子自己練習講話的機會。
2. 優生觀：每個家庭的生育率驟減，使得孩子缺乏與手足同伴的互動學習與競爭的機會。
3. 新移民時代及地球村的來臨：整個環境語言的使用更為多元，對於孩子語言的接收（聽與理解）與輸出（講）的影響為何？是否影響幼兒的語言發展關鍵期，亟待進一步研究。

(一) 學齡前兒童的聽覺理解力發展

　　靈敏的聽覺是學習語言應具備的要件，能清楚的聽到環境中的聲音、正確的分辨語音和詞句，才能有效監聽自己的話語。林寶貴（2005）指出，如果兒童無法聽到父母親或玩伴說話的語音，或聽到的是破碎模糊的，語言的學習將會困難重重。聽覺理解的發展與誘發，大大的影響孩子的語言學習，不容輕忽！【表6-5】為發展的一些指標。

【表6-5】 學齡前兒童的聽覺理解發展

年齡	聽覺理解
0～3個月	1.當大人和他說話時，變得安靜或微笑。 2.似乎能認出父母的聲音，哭也會變得較小聲。 3.對聲音有反應，這時吸吮會減少或增加。
0～6個月	對聲調的改變，會有反應。
6～12個月	1.當和他說話時，會出現傾聽的樣子。 2.能認出經常使用的詞，如：杯子、奶瓶和ㄋㄟㄋㄟ等。 3.對要求或問話有反應，如：「來這裡！」「還要不要？」
12～18個月	1.詢問時，可以指出一些身體部位。 2.遵循簡單指令或回答簡單問題，如：拍拍手、鞋鞋在哪裡？ 3.聽簡單的故事、歌曲、童謠。 4.會指出少數圖片。
18～24個月	1.喜歡重複聽同一個故事。 2.能執行較長的常用指令，如：「去桌上拿奶瓶」、「把衛生紙丟垃圾桶」。
2～3歲	1.了解相對應字的意義，如：「大、小」，「好、壞」，「上、下」等。 2.可完成兩個指令，如：「去拿書，再放進盒子裡」、「玩具收好，蓋子蓋起來」。 3.可靜坐10分鐘，聽人說故事。
3～4歲	1.了解「什麼時候」、「什麼地方」、「是什麼」、「為什麼」等問句。 2.聽得懂簡單情節的故事。
4～5歲	1.注意聽短的故事，並回答有關故事的問題。 2.聽懂和了解大多數在家和學校中，別人所說的話。

資料來源：改編自美國聽語學會提供的檢核表（王惠宜，2003）。

(二)學齡前兒童的語言表達能力發展

【表6-6】 學齡前兒童的語言表達能力發展階段、特點與輔導策略

年齡	發展階段	特點	輔導策略
出生～1歲	發音時期 先聲時期	哭、笑聲與ㄨㄨ、一ㄚ一ㄚ、咕咕聲等語音遊戲的行為。	1.找到句子中的單字。 2.愉悅的回應幼兒的需要。 3.多與幼兒講話,加上豐富的表情與肢體動作。
1～1歲半	單字期 首字期	爸、媽、da等疊音。	1.耐心的揣摩幼兒的語言,並給予鼓勵。 2.有技巧的重複正確語句的使用方法。 3.必要時使用輔助溝通的工具,如:手勢或圖卡等。 4.提供孩子豐富的生活經驗。
1歲半～2歲	多字句期 單字期	單字至多字的語句。	
2～2歲半	文法時期	完整的句字及你我他代名詞正確的使用。	
2歲半～3歲半	複句時期 好問時期	長串的字組與句子、連接詞的使用、「為什麼」常掛在口,非常好問。	耐心的回答幼兒接連不斷的詢問。
4～6歲	完成時期	語彙可完整表達,詞彙量達1,700多個字。	1.多鼓勵幼兒聽話和練習說話,並鼓勵他自動發表。 2.鼓勵幼兒閱讀及發表心得。

資料來源:王淑芬、黃志成(1997)、廖華芳、林麗英(1988)。

哇！ 容易扼殺幼兒溝通動機的做法

1. 照顧的太周到，需求提早被滿足，讓他不覺得需要表達。
2. 沒有注意到幼兒的非口語表達，讓幼兒缺乏成功的互動經驗。
3. 師長太在意幼兒的說話問題，要求太高，讓他感受到壓力。
4. 沒有充分等待孩子的反應，致使孩子退縮。

1.誘發口腔動作的遊戲竅門

創意好好玩

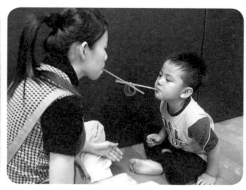

【唇】

1. 親親寶貝：親媽媽的手、親娃娃、kiss-bye（比賽大聲）。
2. 寶貝唇印：塗口紅在下唇，鼓勵孩子做「抿」嘴巴的動作，親在鏡子或圖畫紙上，留下孩子的可愛小嘴唇印。
3. 小鳥呀呀：讓孩子學小鳥噘起尖嘴。也可以玩鴨鴨扁扁的嘴喔！
4. 一ㄨ一ㄨ：比賽看誰在10秒內，嘴巴能做最多次「一ㄨ」的反覆動作。

5.拔河比賽：用唇含住小物品（如：奶嘴、吸管、壓舌板等），用手往外拉，看誰厲害！
　　請注意手拉的力道，以及小心孩子別讓東西噎到了喔！
6.吸管吹吹吹：用雙唇含住吸管，玩「吹」的遊戲。
7.吸管接接接：用雙唇含住吸管，然後在吸管上掛橡皮筋，或將橡皮筋一條一條掛在吸管
　　上。也可以和孩子一起挑戰，用吸管傳接橡皮筋的遊戲，很好玩喲！
8.嘴巴鼓鼓鼓：讓孩子鼓起兩頰，做漱口狀。鼓鼓的腮幫子，好可愛！
9.大口嘴巴：含大口水在嘴巴內，比賽看誰維持最久。
　　請留意，別讓水嗆到孩子了喔！
10.吸管釣魚樂：用吸管吸桌上的紙魚（用色紙剪成魚型）到盤子裡。
　　加油！看我們可以釣幾條魚？

【舌】
1.臉頰遊戲：舌頭在口腔內，輪流推頂左右臉頰的內側。大人可用手輕抓孩子的外臉頰，
　　增加趣味性！
2.潔牙遊戲：舌頭在牙齒外側轉動，做清潔牙齒狀。
3.洗澡歌：「嚕啦啦、嚕啦啦、嚕啦嚕啦勒……」，練習舌頭上抬的「ㄌ」音。
4.舔洞洞：用舌頭把牛奶餅（遇水易溶的薄片餅）中間舔出一個洞。
5.學馬蹄聲。

【顎】
1.模仿「打哈欠」動作。
2.學老虎「張大嘴巴」，做吃人狀。
3.假裝「大口吃東西」（家家酒遊戲）。

【吹】
1.將框內的保麗龍片（紙青蛙、小紙片）吹出範圍外或比賽看誰吹得遠。
2.吹蒲公英、木棉花種子。
3.吹開水面上的浮萍或紙船、樹葉、花瓣、乒乓球等。
4.玩吹的玩具，如：笛子、泡泡、哨子、蛇笛（捲紙管）、紙風車等。
5.玩吹隨手可得的物品，如：衛生紙、細條彩帶、綁線的羽毛、小紙袋、塑膠袋……等。
6.運用稀釋的水彩顏料，玩吹畫遊戲。
7.玩把玩具吹倒的遊戲，可帶入「三隻小豬」的故事。
8.吹蠟燭遊戲，可結合生日快樂歌。**請留意，別讓蠟燭的火燙到喔！**
9.用吸管吹透明杯子中的水，使發出泡泡。
10.對瓶口或麥克風吹氣，只需發出很小的氣流，就有聲音的回饋哦！

（三）口腔功能的發展

廖華芳與林麗英（1988）指出，口腔動作的功能發展包含下顎、唇及舌頭等部分，口腔功能發展與發聲、發音能力及構音清晰度有相當的關係。例如：當軟顎上抬關閉動作不好，有時就會造成說話的鼻音較重。另外，舌頭在構音中也扮演極重要角色，下顎的動作發展，則與進食、咀嚼及語言發展的整體功能有關，其中母音清晰度與否，也間接影響到幼兒的社交能力。

多與幼兒一起玩「誘發口腔動作的遊戲」，可都是促進幼兒進食、語言及社交能力的不二法門呢，別小看這些遊戲！

【表6-7】 0～3歲幼兒的口腔功能發展

年齡	下顎動作發展	年齡	嘴唇動作發展	年齡	舌頭動作發展
新生兒	「上下動」是反射性動作，上下動的動作不明顯。	3個月	1.「閉合的能力好」肌肉張力來自母體。 2.「中間閉合好，嘴角閉合差」，兩頰肌肉張力不足，故嘴角閉合差。	3個月	1.「水平上下動」肌肉張力來自母體，並以吸吮－吞嚥的反射表現。 2.「水平前後動」屬較原始的吸吮動作。
4～6個月	「全開」				
7～9個月	「半開斜向運動」下顎可控制為半開咬住餅乾，做斜向運動。	9個月	1.「可閉合」發展出更良好的閉合能力。 2.「清潔湯匙」需發展上唇向下刮取食物能力。 3.「接吻動作」下唇內收似發ㄆ，可清理外漏食物。	7～9個月	舌頭隨下顎上下動，無法分離獨自動作。
10～18個月	「可控制咬的力量」，進食軟硬不同的食物。			18～24個月	能成熟的上下動，典型行為是吸的動作。
19～36個月	「可隨意控制力量張開寬度及旋轉動作」，咀嚼動作已發展成熟。	36個月左右	「可用吸管喝水」	24～36個月	伸出唇外舔嘴唇，屬高度成熟的動作。

參考資料：整理自中華民國聽力語言學會聽語會刊（廖華芳、林麗英，1988）。

創意好好玩

「吹泡泡與吹笛」 （五彩吸管笛子，自己動手做喔！）

1. 對部分孩子而言，剛開始含著吸管、笛子吹，會比隔空氣吹來得容易（口型較易掌握）。
2. 剛開始會使用吸管吹氣練習時，建議先用開水或飲料，以避免幼兒吸入口中。

吹的練習，可以變化連續音、斷續音、比賽誰吹得最久、最遠或最快！

自創教具挖挖哇！

名稱	**吹氣高手**
適用年齡	4～5歲
設計者	陳秀萍
目標	1.提升幼童兩頰的力道。
	2.增進幼童對事物的控制技巧。
	3.促進同儕或親子的互動技巧。
材料	彎吸管數支、保麗龍球數顆（中的）、細鐵絲數根。
製作	1.將細鐵絲懸繞在彎吸管上。
	2.將吸管上的鐵絲繞圈，圈的大小，以能放進一顆中型的保麗龍球的寬度為準。
操作	1.引導者在孩子的面前示範一次，進而引起孩子的注意力。
	2.向孩子說明吹氣的技巧及如何控制所吹出的氣。
	3.延伸活動：為了提升活動的困難度，可由兩人互動延伸為小組接力。

2.增進表達與理解的教具

創意好好玩

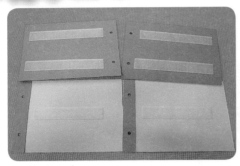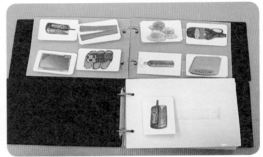

「圖卡」

目標：增進表達與認知能力。

材料：1.市售圖卡（背後印有中文或自行補上中文名稱），也可以自製字卡哦。

　　　2.子母粘及文具店購得的A5檔案夾（左側圖）。

玩法：1.可將同類的字卡擺放一起。

　　　2.以玩閃示卡的方式，讓孩子辨識，並計算孩子答覆正確的字卡數目。

小撇步：碰到孩子不會的字時，大人可提供提示，孩子若答對了仍給分。例如：「電器類」，當孩子不認得電鍋，可以給個提示，如：「煮飯用的」。又若孩子答錯了，則可直接告訴正確答案，或提供另一提示，如：「電鍋的口語唇型」。試試看，孩子會很喜歡接受挑戰！

「傳聲筒」　　　　　　　　「蒙面俠」

這兩個教具，在本章第一節「聽覺教具類」有介紹過哦！您看，教具的功用可以很廣，發揮創意，就可以讓孩子享受無窮的學習樂趣！

創意好好玩

「我們的悄悄話」

目標：看圖說故事、增進理解傳達能力。

材料：圖卡、紙筒大聲公。

玩法：1.分Ａ、Ｂ組，每一組約五人。

2.兩組各選出一位隊長，分別讓兩組的隊長看到圖畫後，快速的跑回組上，依序用大聲公向下一位傳達，最後一位幼兒則大聲說出圖畫的內容。

3.採輪流方式，讓每一個孩子都有機會當第一個傳達者。

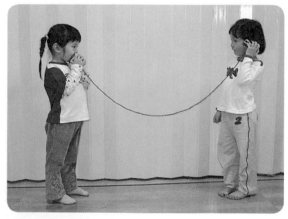

「三姑六婆打電話」

目標：學習打電話技巧與社會性互動、增進表達理解力。

材料：寶特瓶的頭部兩側、塑膠水管。

製作：用塑膠水管將寶特瓶的頭部二側連接起來。

玩法：1.二人一組，製造電話鈴聲：「鈴鈴鈴……」「你好，請問要找誰？」「請問白雪公主在不在？」

2.玩法也可以採用左圖「我們的悄悄話」的團隊遊戲方式進行。

創意好好玩

「乘客與司機」

目標：提升社會性互動技巧與語言溝通能力、認識台灣的地理位置。

材料：大紙箱、包裝紙、色紙、地圖、卡點西德。

製作：1.用包裝紙及色紙，將大紙箱裝飾成一輛可愛的車子。

　　　2.將地圖標示出重要的地點或孩子所熟悉的地方，且地圖可用卡典西德護貝之。

玩法：1.兩人一組，一人當乘客，一人當司機。

　　　2.司機：「請問要坐去哪裡？」乘客：「去台南要多少錢？」……。

　　　3.司機：「到台南了！」

　　　4.乘客：「多少錢？」

　　　5.司機：「謝謝您，一路平安！」

　　　6.交換乘客與司機的角色，再玩一次。

名稱	**大富翁**
適用年齡	3歲半～6歲
設計者	鄭淑翠
目標	1.語彙的學習量的概念、前、後、輸、贏……等。
	2.增進語言表達能力。
	3.培養輪流等待的精神。
材料	1.厚紙、各色粉彩紙、骰子、棋子。
	2.命運卡、機會卡、幸運卡。
製作	運用上述材料，仿市售的「大富翁」遊戲，依孩子的發展能力，將量、顏色、命名等學習目標，設計在「大富翁」的方格內。
操作	1.請孩子選擇代表自己的棋子顏色，例如：「我要紅色的棋子」。
	2.向孩子介紹遊戲規則，以猜拳方式決定誰先走。擲出骰子之後，孩子必須說出點數。對於量的概念不清楚的孩子，大人必須給予協助。
	3.孩子走到物件的格子時，必須說出格內的名稱及數量，如：5朵紅花。
	4.如走到「命運」、「機會」、「幸運欄」，可翻開卡片，請孩子依照著卡片內容的指令行事。
	5.最先走完全程者，即為冠軍。

名稱	**手勢配對**
適用年齡	3～6歲
設計者	沈小鳳
目標	1.提升手勢溝通的技巧。
	2.培養看圖做動作的能力。
材料	禮品紙盒、粉彩紙、紙杯、手勢圖及字卡。
製作	1.首先將手勢圖著色並護貝。
	2.護貝字卡。
	3.裝飾禮品紙盒,備用。
	4.將紙杯黏貼在禮品盒上,並將手勢圖插上即可。
操作	1.在操作前,需讓孩子認識手勢圖所代表的意義。
	2.請孩子將手勢圖及字卡進行配對。
	3.可兩人一起操作,一人拿圖,另一人拿字卡,玩配對遊戲。
延伸活動	可進行比手畫腳的遊戲,一人比動作,一人則負責找出正確的手勢圖卡。

創意好好玩

「美好的一天」

目標：增進語言表達、動作協調、生活自理、圖片與實物辨識，以及培養輪流等待的精神。

材料：全開粉彩紙、活動式溝通圖卡、數點大骰子一個、磁鐵或棋子數個、實物數種。

製作：1.選擇所要的主題或某活動的流程後，自製順序圖卡，並護貝。

2.圖卡的內容：溝通圖卡含自然手勢與手語圖卡、動作圖卡、認知圖卡及事件照片等。

3.圖例設計說明：可運用

(1)溝通圖卡：「生病、洗手、熱」等常用手勢或手語。

(2)動作圖卡：「鞋子、褲子、帽子」等，配合實物讓孩子可以當場練習穿戴。

(3)認知圖卡：「小狗、牙刷、企鵝」等，配合實物讓孩子指認。

(4)事件照片：「到飯廳喝水、在浴室洗臉」等，孩子需實際到特定場地並完成動作。

4.將圖卡的順序排妥好後，依序貼在全開紙上。記得在圖卡間預留空間，以標示上清楚的流程箭頭。

5.記得在圖卡順序的終點，放上幼童喜愛的增強物，孩子會很開心喔！

6.完成後，可以將紙張固定在白板或平放在桌上，全班同學或全家一起玩。

玩法：1.玩者選定代表自己的磁鐵或棋子，並決定進行的順序。

2.擲出骰子，依骰子的點數，一點可往前一格。孩子走到點數所指示的圖卡時，需要說出、比出或指認該實物。

增強：1.最先到達終點者，可以得到最多的增強物，如：巧克力4顆。

2.若是全班一起玩，記得要讓每一個小朋友都有增強物，數量可以不要太多。

提升孩子句子表達與描述能力的遊戲

活動一：人物、地點、事件

1. 材料：蒐集家人或班上的人物、地點、事件等照片各數張，若是孩子認字能力不錯，也可以採用文字製作。
2. 玩法：讓孩子輪流在人物、地點、事件照片中各抽一張，抽完後組合成句子，有助孩子完整句子表達能力的建立呢！
3. 樂趣樂無窮：還記得小時候的情景嗎？您曾抽到組合成怎麼樣的一個句子……？
「『方小明』在『廁所』『睡覺』」，全班哄堂大笑，對吧！

活動二：麥當勞點餐

1. 材料：自製「麥當勞點餐」的流程順序圖卡或是字卡。
2. 製作：分析好活動流程後，進行拍攝動作，照片沖洗後，放入相簿中，貼在卡紙上也可以。
3. 玩法：(1) 此遊戲可以運用在社區適應或外出進食前。
    (2) 也可以安排做為用餐後的回顧，孩子們會很興奮的搶著看呢！大人可以問問孩子，「是誰在點餐？」或是「爸爸在做什麼（端餐）？」「吃完後要做什麼呢？（分類回收）」
    (3) 下一次出發前，可拿出來讓孩子說說看：今天去「麥當勞」要做的事。

第七章　為幼童選擇玩具的祕訣

李素珠 | 東海大學社會學系學士、小剛與小柔的樣媽咪
伊甸基金會鳳山區兒童早期療育發展中心社工員

壹、孩子眼中的好玩具

　　給孩子一個多彩的童年，是每位父母的心願，而玩具無疑是陪伴孩子長大、讓孩子擁有一個快樂童年，所不可或缺的。隨著家庭經濟能力的提高，以及當前少子化的社會結構下，不少父母花了很多時間和金錢，為孩子挑選符合其能力並具啓發性或教育性的玩具，但是往往會碰到這樣的經驗，「玩具放在孩子眼前，他卻一點也不想玩，或是玩沒幾下，就把玩具丟在一旁」，讓身為父母的你，覺得很懊惱，不知用什麼標準來選擇玩具？

　　對父母而言，替孩子選擇玩具可能是一項大挑戰；但對孩子而言，一件好玩的玩具，卻是能夠一而再、再而三的把玩。從孩子的角度來看好玩的玩具，並不在於玩具的華麗包裝或是多樣化功能，讓孩子在環境中主動的探索，反倒是可充分展現孩子與生俱來的能力，也是孩子感到最自然、最有趣的活動。

　　如何從市售玩具中，為孩子選購到適合孩子的玩具，藉以讓孩子在玩玩具中探索、學習，並激發其無限的想像力與創造力，正是本文所要與您分享的！

貳、為孩子選擇適合的玩具

　　所謂「玩具」，就是玩的工具，透過玩具，孩子可以暢遊於自己無國度的想像世界中。而一件好的玩具，不只可豐富孩子的生活，甚可從玩玩具中表現出他的能力，並擴展他原有的能力。因此，掌握選購玩具的竅門學問，是有利增進孩子玩的品質，以及幫助孩子學習新的技巧。以下即列出為孩子選擇安全而適合的玩具的原則，供您參考。

1. **好玩、有趣的玩具**：例如：色彩豐富的玩具，或單件玩具可呈現出不同的玩法，則易吸引孩子的目光及專注力。
2. **能激發想像力的玩具**：例如：洋娃娃，可藉由角色扮演，激發孩子的想像力；玩沙子或積木，則可讓孩子自由創作。
3. **適合孩子年齡的玩具**：例如：出生至1歲的幼兒，像是吊掛式玩具、旋轉音樂鈴、手搖鈴等，都是不錯的選擇。

4. **堅固、耐用的玩具**：注意玩具的零件是否鬆動，會不會脫落而易被孩子誤吞。

5. **安全、衛生的玩具**（安全玩具標章，2005）：

   ⑴ 留意有無綠色「ST安全玩具」標誌 以及經濟部商檢局的合格標籤；若有，則表示該玩具已經通過政府的安全檢測。

   ⑵ 留意是否有玩具名稱、使用方法、使用年齡及警告等標示，以及玩具的主要成分、製造廠商名稱、地址、電話等說明。

   ⑶ 留意玩具表面的顏色塗漆，是否已通過合格檢驗；有無毒性，會不會脫漆。

   ⑷ 留意拉扯玩具的繩索部分，是否超過30公分，是否易致使孩子纏繞頸部而窒息。

   ⑸ 留意玩具邊緣及稜角的尖利狀況，是否易割傷孩子。

   ⑹ 留意玩具的電池裝置是否安全。

   ⑺ 填充、絨毛玩具的縫線部分必須牢固，以避免孩子挖取內部填充物而不慎吞食。

   ⑻ 玩具或其他附件的大小，若小於10元硬幣，勿讓3歲以下的幼兒使用。

6. **可提供各類經驗的玩具**：例如：球、玩具車等。

7. **適合孩子能力的玩具**：依孩子的能力選購玩具，以免操作難度過高，難引發孩子的興趣；或者孩子的成長已經超越了這個玩具的功能，那麼他也會覺得索然無味。

　　玩具是孩子童年的重要學習媒介，而市售玩具的方便性，可以幫助家長節省許多自製玩具的時間與精力，因此，如何根據上述原則，為孩子選擇適當的市售玩具，就顯得相當重要！父母親應時時在腦海中思考家中寶貝此時的年齡、需要什麼玩具、什麼樣的玩具可以幫助他學習……等，如此有利您更具體的找出真正適合孩子的市售玩具喔！

　　當父母不知該如何與孩子互動時，事實上，玩具就是一個很好的媒介，切記的是，玩玩具的過程應該是輕鬆、愉快又有趣的，親子相處的過程遠遠勝於玩玩具所訓練出來的成績，當父母用愛心和耐心陪伴孩子時，孩子自然能從玩具當中玩出智慧與能力，玩出親子間的歡樂與甜蜜！

　　當幼兒的探索能力愈來愈好時，他會用敲打、咬、咀嚼、丟、踩等各種方式玩玩具，故家長應格外注意玩具的安全性。玩具的材質必須考量堅固，以符合此年齡層孩子的使用及安全之需要。多一分小心，孩子的成長就多一分的保障，應注意的要點說明如下：

1. 要確實閱讀玩具的標示及指導說明，並與孩子共同分享。
2. 確定孩子知道如何正確的使用玩具。
3. 將包裝玩具的塑膠袋丟棄或妥善收好，避免不慎而造成窒息危險。
4. 教導孩子拿取與放置玩具的方法，預防玩具掉落。
5. 定時維護檢查是否破損，無法維修就更換或丟棄。
6. 定期經常消毒清洗、曝曬。
7. 避免孩子接觸電器玩具。
8. 覆蓋插座、移開電線，讓孩子無法碰觸。
9. 地板、地墊與地毯等必須保持乾淨，地上不可有會踩到的障礙物，地墊與地毯要固定。
10. 不要讓孩子在危險的區域玩耍。

資料來源：整理自郭靜晃譯（1992）、羅文喬、馬惠芬譯（2003）。

動手玩創意──做出孩子合身的玩具

第八章　市售教具玩具應用點子集

鄭淑翠　| 嘉南藥理科技大學幼保系學士、小醇的樣媽咪
伊甸基金會鳳山區兒童早期療育發展中心教保專員

　　教具是老師在教學上常使用的輔助教材，不僅讓教學有畫龍點睛的效果，並可藉由教具的操作，激發孩子的邏輯思考能力，加強孩子的精細動作發展，更提升學習的樂趣。

　　在本章節中，筆者提供個人在實務工作經驗中所累積的淺見，針對發展遲緩幼童的學習，與您分享如何利用各類市售教具的個別功能，運用其動態與靜態的交叉變化，提供技巧的整合活動建議，以使發展遲緩幼童更容易進入課程的參與和學習中。當然別忘了，在任何的學習過程中，適時的等待與讚美，也是讓孩子獲得認知的重要元素！

穿鞋帶

　　發出開火車「嘟嘟……」的聲音，告訴孩子：「你是火車司機，火車要開了喔！」「哇！火車過山洞了。」有沒有想過？教孩子學習穿鞋帶時，可以玩這樣的遊戲呢！

　　穿鞋技能是孩子非學會不可的生活自理能力，根據經驗，很多孩子很喜歡把線從這頭穿入過另一頭，他們覺得很好玩！但卻因手眼協調性不佳，或鞋帶頭太軟而無法快速正確的穿過，進而影響孩子對這項玩具的持續性不高。

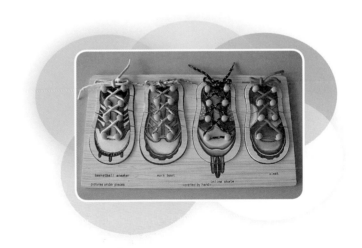

　　試試看，將鞋帶頭用膠帶纏住，增加、拉長鞋帶頭的硬度，在協助孩子做穿洞的動作時，同時加入趣味性的指導語，如此一來，孩子不僅學會「穿」的技能，又可增加孩子的詞彙運用能力及提升與人互動的機會，真是一舉數得。

親子彩色應用盒

　　將五種顏色的色柱各取一顆放入神秘袋中，其餘色柱放在盒子內。請孩子將選擇的色板放在桌子上，並從神秘袋中取出一顆色柱，再根據其顏色找相同的色柱對應到色板上。此遊戲可以和孩子用比賽的方式進行：方式一、比賽誰先將手上的色板完成；方式二、比賽將色柱分顏色比堆高，看誰的城堡最高即獲勝。

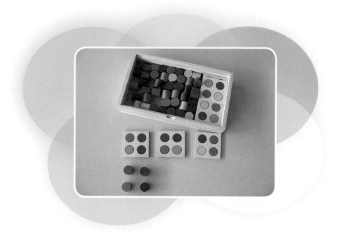

觸覺接龍板

　　將觸覺板放在神秘盒裡，讓孩子伸手入盒內摸摸看，可以適時引導有口語能力的孩子說出所摸到的材質是粗粗的？滑滑的？還是有顆粒的？……然後，再請孩子選出相同的觸覺板。對於沒有口語能力的孩子，請他找出相同材質的即可。

　　觸覺板對觸覺敏感的孩子是一種刺激訓練，敏感的孩子對不同的材質會有不同的反應，為了讓孩子能有不同的體驗，應採漸進方式進行，避免此教具變成孩子的嫌惡刺激。

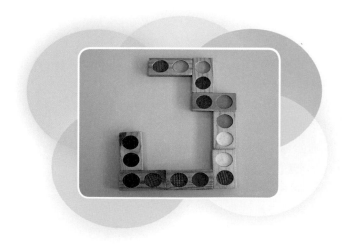

蔬果切割

1. 此教具在假想遊戲中常會出現，是孩子很喜歡的教具，也是老師在相關課程中常運用的教具。通常會用「廚師與客人」或「媽媽在廚房煮飯」的角色扮演方式來進行，進而讓孩子認識蔬果食物的種類及名稱，並讓孩子在角色扮演當中學習正確的用餐禮儀。

2. 可將每樣蔬果教具拍照成相片，讓孩子做實物與相片的配對。

3. 對認知較弱、語言遲緩、專注力較不足的孩子而言，傳統式的教學方法，較無法引起其學習的興趣。所以，可以布置成蔬果攤位，讓孩子輪流扮演老闆，老師扮演買者，拿著菜籃，走到攤前說：「我要買……」，扮演老闆的孩子則必須把該物拿給買者，並且說：「你買的……」，讓孩子在買賣遊戲當中認識蔬果名稱；無口語能力的孩子在此遊戲中，只需把正確物拿起即可。

交通工具崁形板（有聲）

1. 崁形板主要提供形狀、顏色的對應練習，當孩子正確配對時，就會發出與該交通工具相同的聲音。孩子初次操作時，都會投以驚訝的表情，有些能力較高的孩子，還會將板子翻到背面，探索聲音的來源。當操作熟練時，孩子會類化將車子在桌上移動，甚至學交通工具的聲音。此教具對口語能力較弱、有仿說能力的孩子來說，是一項可模仿、可發聲的教材。

2. 可以做功能性的認知教學，例如：飛機在天上飛、救火的是消防車、車子有四個輪子……等等。

3. 可以配合大積木建構成高速公路、停車場……等日常生活情境，此教具則可變成配搭的交通工具。

平衡高手

　　此教具每次在課堂呈現時，孩子總是興奮的說：「房子倒了！」當初在介紹此教具時，是利用說故事方式來引導，將三位主角大象、鴨子、企鵝引喻為建造房子的人，他們比賽搭建房子並看誰的房子最高？最穩固？當顏色、形狀介入時，則請孩子觀看周圍各建築物的不同特色，而選擇給予不同形狀顏色的積木來堆高。

　　此教具的底座是彈簧柱，剛開始操作時可以退除彈簧柱，來增加孩子的成就感；能力較好的孩子，則可變化加入擲骰子，再依骰子的顏色形狀來堆積木。

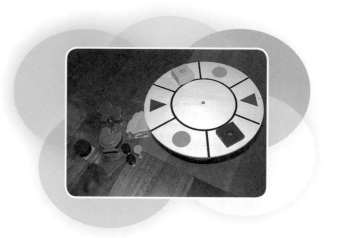

步步高昇

　　此教具的終極任務是帶青蛙回池塘，途中會遇到農場的各種動物，當停在這些動物的格子上時，必須學這動物的叫聲或動作。

　　當孩子的認知、舊經驗不足時，要學習動物的叫聲或動作是較困難的，如果將動物圖案改為班上每位孩子的相片或家人照片，就可以讓孩子經由此教具的操作來指認，加強與同儕間的認識。

親子烏龜

　　「大烏龜小烏龜，疊在一起成一堆。」烏龜媽媽帶著小烏龜散步的模樣，總是吸引孩子的目光。每每拿起這教具時，孩子馬上會被鮮明的色彩所吸引住，都會主動表示要玩，連沒有口語能力的孩子也會用肢體語言「舉手」或「點頭」來表示要摸呢！

　　該如何吸引孩子對此教具的興趣呢？不妨將烏龜放在神秘箱裡，讓孩子用手去感受觸覺刺激，猜猜箱子裡面是什麼東西？當孩子按到烏龜身上的綠點點時，烏龜會唱歌並前行，這時專注力較弱的孩子，會因烏龜移動而注視，進一步對此教具產生興趣而想碰觸。

　　在課程中引導動機時，此教具是一個強化孩子注意力的好幫手，幫助孩子適時的專注在課程上。此外，也可以將孩子分兩組，一人一隻烏龜，比賽看誰能先找到所要的顏色，贏的人就可以按綠點點，讓烏龜唱歌。

聲光觸覺板

　　「小晶，我們要聽音樂。黃色在哪裡？」「按摩好舒服喔，紅色在哪裡？」每次在選擇教具操作時，小晶總會選這一樣教具，且樂此不疲。

　　有些孩子對平面式的操作教具較不感興趣，即使有，也多是短暫、無法持續的。當孩子在學習顏色認知時，此教具因結合聲音、光源、觸感等多感官刺激，使孩子在操作後能對顏色的認知有立即性的回饋，難怪是孩子的最愛。

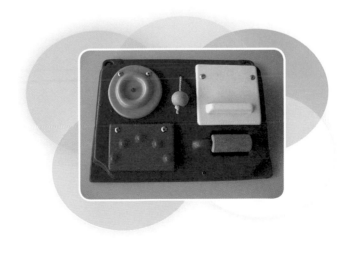

火車叮叮

　　「火車要開了，要上車的旅客趕快上車喔！」利用孩子喜歡的交通工具來帶入動物認知、置入輪軸的手眼協調。當孩子全部固定輪軸時，轉動右下方的齒輪，就會帶動整個齒輪盤的運轉並啓動音樂。

　　此教具的色彩鮮明，除了增加視覺的刺激外，孩子還可以自由的分配輪軸位置，藉以培養孩子自我規劃的能力。此外，也可以將動物圖片換上班上孩子的相片，擴充至進行認識同儕。

第九章　改裝玩具DIY

　　很多玩具只要稍作改裝，就能適合不同障礙的孩子來玩，同時兼具溝通訓練功能，以下將介紹幾種簡單的改裝方式及運用的點子，歡迎大家動手做做看！

壹、製作簡易按鍵式呼叫鈴

陳譽晟 | 工程師

(一)工具【圖1】

1. 焊錫。
2. 熱縮套管。
3. 尖嘴鉗。
4. 斜嘴鉗。
5. 烙鐵。
6. 十字螺絲起子。

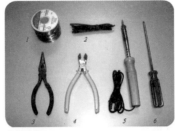

【圖1】

(二)材料【圖2】

1. 三號電池座。
2. 按鍵。
3. 小功率電子式蜂鳴器。
4. 三號電池2個。

【圖2】

(三)步驟

1. 將按鍵旋開，分成底座與按鍵【圖3】。
2. 使用十字螺絲起子將按鍵底座的兩個螺絲鬆開。
3. 將電池座的紅線穿過按鍵底座的孔，再將裸露的電線順時針纏繞在螺絲上，然後以十字螺絲起子鎖緊【圖4】。
4. 將蜂鳴器的紅線穿過按鍵底座，並將其纏繞在螺絲上，再以十字螺絲起子鎖緊固定【圖5】。
5. 按鍵蓋仕底座上，用手將之鎖緊即可【圖6】。
6. 將另外兩條黑線相互纏繞固定。

注意：此時若發現兩條電線卡在按鍵與底座之間，請重複步驟3、步驟4，電線需穿過按鍵底座的孔。

【圖3】

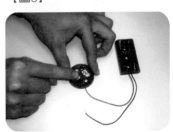

【圖4】

【圖5】

【圖6】

7. 使用烙鐵將焊錫熔在裸露的電線上【圖7】。

8. 取出熱縮套管，用斜口鉗剪下一段長度可將裸露電線包住的熱縮套管。

9. 將剪下來的熱縮套管套在其裸露的電線上【圖8】。

10. 套好之後用打火機，烘烤熱縮套管【圖9】。

11. 將3號電池裝入電池座，即可完成【圖10】。

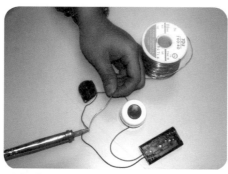
【圖7】

【圖8】

【圖9】

【圖10】

貳、簡易電池玩具的改裝

李惠斌 ｜ 工程師

改裝電池玩具的目的在於把玩具開關改為外接的耳機插座，以便於接上不同型式的開關，來適用於不同需求的孩子。由於市面上玩具種類繁多，在此只列舉一種示範，通常這類玩具的內部線路並不會很複雜，原理也差不多。若有不懂可以請教有電工概念或電子知識的人即可迎刃而解，以下，我們以「串接開關」之改裝來做例子。

(一)工具【圖11】

　1.尖嘴鉗。
　2.斜口鉗。
　3.螺絲起子組。
　4.熱縮套管。
　5.烙鐵。
　6.焊錫。

(二)材料【圖11】

　7.電池玩具。
　8.耳機插座（母）。
　9.耳機插頭（公）。
　10.按鈕開關。
　11.電線。

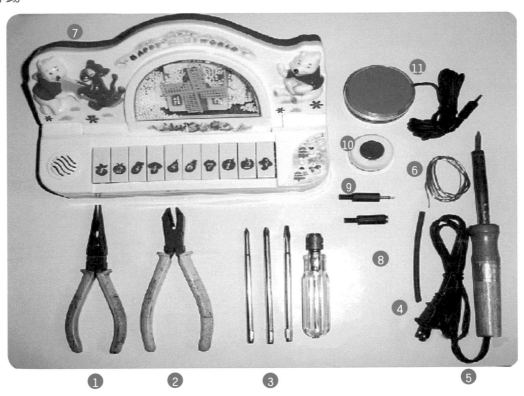

【圖11】

(三)步驟

1. 將耳機插頭、插座，按鈕開關分別解開，可看到內部接點，一個較長 (B) 一個較短 (A)，各有一個小孔為接線用的，長的一端有凸出兩塊小鐵片 (C)，為固定電線用【圖12】。

2. 先把電線頭剝掉約0.5公分的電線皮。

3. 把兩條電線穿過耳機插座的塑膠套【圖13】、【圖14】，再把電線分別穿過A、B兩個接點的小孔【圖15】，用烙鐵和焊錫將電線焊接住，接著把兩條電線整理在兩片小鐵片中間，用尖嘴鉗將兩條電線壓住固定，最後鎖回塑膠外殼（外接的按鈕開關不需要分正負極，故其中任一條線可接任一點）。

4. 耳機插頭（公）的接法和耳機插座（母）方法一樣。

【圖12】

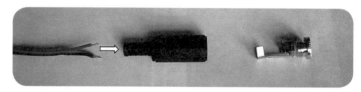

【圖13】

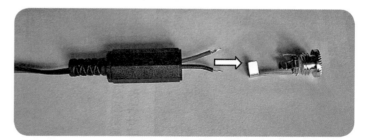

【圖14】

【圖15】

【圖16】

5. 把耳機插頭（公）的兩條電線尾端分別剝掉約2公分外皮，打開按鈕開關並鬆開裡面的螺絲，將電線分別從開關底座洞口往上穿入【圖16】，然後將剝掉外皮的電線順時針方向纏繞在按鈕開關裡面的螺絲內，用螺絲起子鎖緊。

 ＊將完成的公母插座、插頭先放置旁邊備用，如果使用市售的特殊開關，則不需再改裝耳機插頭（公），可略過步驟4、5。

【圖17】

 ＊同理可用來改裝水銀開關，只要將電線兩端焊接到水銀開關兩端，並包好裸露的金屬部分使不致短路即可【圖17】。

6. 拆開玩具，找出電池的接線〔通常在電池盒（座）的後面會有二條線接出，一為正極一為負極〕，任選一條電線剪斷【圖18】，各別剝掉約0.5公分的電線皮，分別套上一小段熱縮套管【圖19】。

【圖18】

7. 把剪開的兩端電線分別接到耳機插座的二條線【圖20】並焊接好，將熱縮套管移到焊接的地方，用烙鐵在熱縮套管週圍碰觸摩擦或打火機烘烤，使熱縮套管緊縮包住電線【圖21】，若無熱縮套管，可用膠帶纏繞代替。

【圖19】

【圖21】

【圖20】

8.將電線整理好，回裝玩具，露出耳機插座部分（如果電線較粗，需在玩具上鑽一個洞，讓電線順利通過，可在耳機插座的電線出口內側打一個結，預防被拉扯脫落）【圖22】。

9.功能測試：將耳機插頭插入外接的耳機插座上，把玩具上的開關打開，然後按壓外接的開關，如果能啟動玩具風扇及燈泡，表示正確【圖23】。

【圖22】

【圖23】

關於焊接

焊接的目的：可使電線接觸的地方較堅固，導電良好，降低接觸不良、故障的現象。

★焊接時要在通風良好的地方實施，因為焊接時會有鉛散發出來，吸入對人體會產生不良影響。

★焊接用的烙鐵會產生高溫，使用時要小心，避免燙傷。

★焊接時烙鐵頭若氧化變皺變黑，可在布上擦拭後即加上一點錫，保持焊錫的光澤會比較好焊接，量不必太多，適量即可，必要時可加一點焊油或松香幫助焊接。

參、改裝玩具的應用

1. 把釣魚玩具的轉盤改裝成溝通板，再配合溝通本，透過顏色及數字配對組合，可讓溝通對象從溝通本上找到溝通者想表達的內容。例如：分別以綠色代表「人物」主題；藍色代表「需求」主題；黃色代表「休閒」主題；紅色代表「感覺」主題，使用者將箭頭指向藍色，則溝通對象翻開溝通本藍色內頁，會有6個有關需求的語彙：(1) 我要上廁所；(2) 我要吃東西；(3) 我想換姿勢……。溝通者再將箭頭指向想表達的內容所編碼的數字，對方即可透過溝通本對照了解溝通者的需求。此設計概念可擴充極多語彙，適用於年齡較大，認知能力佳但肢體動作限制多者【圖24】。

   * 同樣的釣魚玩具，也可設計成較簡單的三格式溝通版面【圖25】。

   * 可變化為猜拳轉盤【圖26】，讓手部精細動作不佳者，也能玩猜拳遊戲。

   * 本改裝玩具特點為價格便宜，但須溝通對象充分理解與配合。

2. 用時鐘改裝成的作息表【圖27】，將一天的生活流程依序排列，透過外接按壓開關控制指針，指出目前的作息內容。當然也可以依不同目標放入不同內容，例如：放入數字玩數學遊戲，回答有關數字或時間的問題；也可以放各種小模型、糖果等物品，不一定要用圖片。

【圖24】

【圖25】

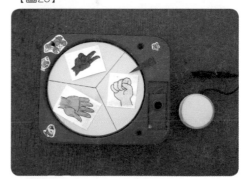

【圖26】

【圖27】

3. 選擇孩子有興趣的電池玩具，加上外接開關，讓肢體活動受限者，也能享受主控玩具的樂趣【圖28】。此類玩具有助於建立孩子因果概念及養成主動操作、探索的習慣，亦可配合肢體復健需求換成抓、握、推、拉、壓等各種不同開關。

【圖28】

4. 將附有喇叭的隨身聽改裝，外接水銀開關，上課時繫在孩子手上，當孩子一舉手，就能啓動隨身聽，放出預錄的「我要玩」聲音，可增加孩子主動表達、主動參與機會，而不是被動等待老師指定【圖29】。

5. 當幼兒練習站站立架時，可在孩子伸手可及處放置「呼叫鈴」，以方便引起老師注意後能表達需求。圖中立體斜角的溝通卡，有助於孩子在不用改變姿勢下能看清內容【圖30】，然後才以眼神或手指卡片方向來表達「不舒服」或「想喝水」。

6. 對於手部抓握能力較好的孩子，也可用手搖鈴等有聲玩具來做為呼叫鈴【圖31】，達到溝通中先引起溝通對象注意的功能。

【圖29】

【圖30】

【圖31】

附　錄

附錄一　參考書目

一、中文部分

小書庫童書網（2005）。小牛津資優生大認字卡──幼兒字卡最佳學習選擇。2005年9月30日，取自http://www.baby-library.com/a647.htm/

毛連塭（1993）。特殊幼兒教育。台北市：台北市立師範學院特殊教育中心。

王天苗（2000）。學前特殊教育課程。2005年7月12日，取自http://www.set.edu.tw/frame.asp

王天苗（2004）。嬰幼兒綜合發展測驗指導手冊。台北市：教育部特殊教育小組。

王明傑、陳玉玲（譯）（2000）。R. E. Slavin著。教育心理學──理論與實務。台北市：學富。

王春展（1997）。兒童情緒智力發展之研究。國立政治大學教育學系博士論文，未出版，台北市。

王淑芬、黃志成（1997）。幼兒發展與輔導。台北市：揚智。

王惠宜（2003）。推動溝通搖籃的手。台中市：行政院衛生署國民健康局；高雄縣：財團法人伊甸社會福利基金會。

世一幼兒教育研究中心（2005）。親子成長季刊，春季刊。

安全玩具標章（2005）。93年消費者手冊（頁105-106）。2005年8月15日，取自http://residence.educities.edu.tw/hsaioming/

江麗莉（譯）（1997）。J. L. Frost著。兒童遊戲與遊戲環境。台北市：五南。

何華國（1995）。特殊兒童心理與教育（第二版）。台北市：五南。

吳宜貞、黃秀霜（1998）。認字薄弱群體之閱讀能力及相關變項探討。特殊教育研究學刊，16，203-224。

呂月娥（2005）。小朋友的玩具。2005年7月1日，取自http://yahoo.com.tw/

李芃娟、陳英三（1995）。特殊教育教材教法（第二版）。台北市：五南。

協康會（1999）。兒童訓練指南綜合手冊（台灣版）。台北市：作者。

林敏宜、楊素玲（2004）。實用教具的設計與製作。台北市：啓英。

林寶貴（2005）。語言障礙與矯治（第二版）。台北市：五南。

財團法人第一社會福利基金會（譯）（1994）。D. Chen & J. Dote-Kwan著。視多障幼兒教育。台北市：作者。

財團法人雅文兒童聽語文教基金會（2005）。何謂聽覺口語法。2005年8月10日，取自http://www.chfn.org.tw/all-2av.asp

高淑貞（譯）（1994）。G. L. Landreth著。遊戲治療──建立關係的藝術。台北市：桂冠。

張蓓莉（1996）。聽覺訓練策略與相關課題。特殊教育季刊，59，10-17。

許天威、徐享良、張勝成（主編）（2000）。新特殊教育通論。台北市：五南。

郭靜晃（譯）（1992）。J. E. Johnson, J. F. Christie & T. D. YawKey著。兒童遊戲──遊戲發展的理論與實務。台北市：揚智。

陳俊逢（2004）。感覺統合活動與運用。台北市：群英。

陳華櫻（2005）。寶寶感官大探索。媽咪寶貝。取自 http://www.baby-mother.com/e/eg/eg0209/eg02090501.php3

曾淑美（2005）。創意教學活動設計——透明繪本的製作與運用。台北市：心理。

程鈺雄（2004）。特殊教育導論——應用在融合教育的理論與實務。台北市：五南。

黃世琤（譯）（2004）。L. A. Sroufe著。情緒發展——早期情緒經驗的結構。嘉義縣：濤石。

黃世毅（譯）（2002）。E. B. Church著。從遊戲中學習解決問題。台北市：信誼。

愛鄰復健科診所（2005）。怎樣正確地選擇玩具。2005年7月1日，取自http://yahoo.com.tw/

廖信達（2003）。幼兒遊戲。台北市：啓英。

廖華芳（2004）。小兒物理治療學。台北市：禾楓。

廖華芳、林麗英（1988）。腦性麻痺。聽語會刊，63-65。

盧明（譯）（2001）。D. Bricker, K. Pretti-Frontczak & N. McComas著。活動本位介入法——特殊幼兒的教學與應用。
　　台北市：心理。

羅文喬、馬惠芬（譯）（2003）。M. B. Bronson著。嬰幼兒教具實務與應用——0～8歲適齡發展玩具選用。台北市：華
　　騰。

二、英文部分

Bly, L. (1994). *Motor skills acquisition in the first year.* Tucson: Therapy Skill Builders.

Exner, C. E. (2001). Development of hand skills. In J. Case-Smith (Ed.), *Occupational therapy for children* (4th ed.) (pp.
　　289-329). St. Louis: Mosby.

Folio, M. R., & Fewell, R. R. (2000). *Peabody development motor scales: Examiner manual* (2nd ed.). Austin, Texas:
　　Pro-ed.

Havighurst, R. J. (1972). *Developmental tasks and aducation.* UK: Longman.

Martin, C. (1995). *Functional movement development across the life span.* New York: Muze.

Mulligan, S. (2003). *Occupational therapy evaluation for children: A pocket guide.* Baltimore, Maryland: Lippincott
　　Williams & Wilkins.

附錄二　教具製作全紀錄

類別	名稱	頁碼	適用	製作／改裝	服務單位
感官知覺	彩瓶亮晶晶	41	1～2歲、視覺	廖怜悅	婦幼家園
	魔術師	38	1～2歲、視覺	鄭淑翠	鳳山早療中心
	搖搖鈴	55	1～2歲	吳依玲	鳳山早療中心
	樂樂手套	55	1～2歲	黃秋華	鳳山早療中心
	海洋世界	42	1～2歲	陳秀萍	鳳山早療中心
	wisky	42	1～2歲	高文琴	鳳山早療中心
	環保樂器	56	1～2歲	高文琴	鳳山早療中心
	觸覺感官書	75	1～2歲	張憶慈	鳳山早療中心
	沙漏	56	1～2歲	龔智惠	鳳山早療中心
	蝴蝶飛	40	1～2歲	戴靜如	東港早療中心
	聖誕鈴鼓	38	1～3歲、視覺	廖怜悅	婦幼家園
	搖搖杯	39	1～3歲、視覺	廖怜悅	婦幼家園
	視覺箱	50	1～3歲、視覺	廖怜悅	婦幼家園
	旋轉寶寶	77	1～3歲、視覺	廖怜悅	婦幼家園
	視覺箱	51	1～3歲、視覺	鄭淑翠	鳳山早療中心
	章魚腳	71	1～3歲、視覺、觸覺	鄭淑翠	鳳山早療中心
	神秘箱	71	1～3歲、視覺、觸覺	陳秀萍	鳳山早療中心
	小貓咪	68	1～3歲、視覺、觸覺	陳秀萍	鳳山早療中心
	動物迷宮	77	1～3歲、視覺、觸覺	許麗娟	鳳山早療中心
	聽覺盒	62	1～3歲	張靜薇	旗山早療中心
	身體彩繪	74	1～4歲	鄭淑翠	鳳山早療中心
	小蝸牛	75	1～4歲	鄭淑翠	鳳山早療中心
	歡樂鈴鐺	40	1～4歲、聲音、視覺	姚春蘭	鳳山早療中心

類別	名稱	頁碼	適用	製作／改裝	服務單位
感官知覺	管子通	44	1～4歲	陳秀萍	鳳山早療中心
	傳聲筒	65	1～4歲	吳秀慧	鳳山早療中心
	啥物聲	65	1～4歲	謝映慈	鳳山早療中心
	小鳥飛上天	41	2～5歲	鄭淑翠	鳳山早療中心
	愛的節奏把手	59	2～6歲	余秀雲	嘉義服務中心
	超級小鼓手	60	2～6歲	林美榮	鳳山早療中心
	會跑的烏龜	46	2～6歲	顏翠汶	鳳山早療中心
	迷你爵士鼓	61	2～6歲	龔智惠	鳳山早療中心
	跳舞黑妞	76	2歲以上	鄭淑翠	鳳山早療中心
	送信小熊	49	3～6歲	黃秋華	鳳山早療中心
	豆豆迷宮	72	3～6歲	許麗娟	鳳山早療中心
	大船入港	47	3歲以上	鄭淑翠	鳳山早療中心
	雲霄飛車	85	1～3歲、視覺、觸覺	鄭淑翠	鳳山早療中心
	魔幻滾輪	81	1～3歲	許麗娟	鳳山早療中心
	擲骰丟球	83	1～4歲	吳淑珍	鳳山早療中心
	觸感踏墊	81	1～4歲	張憶慈	鳳山早療中心
	神奇腳印	81	1～4歲	張憶慈	鳳山早療中心
	丟丟樂	84	1～4歲	謝映慈	鳳山早療中心
	超級接球	84	1～4歲	謝映慈	鳳山早療中心
	魔幻轉盤	84	1～4歲	謝映慈	鳳山早療中心
	插吸管	85	2～3歲	張衣淇	鳳山早療中心
	運筆學習單	99-115	2～4歲	陳秀萍	鳳山早療中心
	螃蟹過河	95	2～4歲	沈小鳳	鳳山早療中心
	轉瓶蓋	91	2～4歲	溫美灘	旗山早療中心
	瓶瓶罐罐	86	2～5歲	張衣淇	鳳山早療中心

類別	名稱	頁碼	適用	製作／改裝	服務單位
感官知覺	超級市場	82	2～5歲	丁玉玫	東港早療中心
	曬衣夾夾樂	87	2～5歲	丁玉玫	東港早療中心
	穿鞋子	86	3～4歲	謝映慈	鳳山早療中心
	史奴比彈珠台	89	3～6歲	陳秀萍	鳳山早療中心
	工作台	90	4歲	溫美灑	旗山早療中心
	蹺蹺板	86	4～6歲	張衣淇	鳳山早療中心
	紡紗高手	88	5～6歲	陳秀萍	鳳山早療中心
	目瞪口呆	139	1～4歲	陳秀萍	鳳山早療中心
	「我」的字卡	119	1～4歲	龔智惠	鳳山早療中心
	海底世界的影子	119	1～4歲	龔智惠	鳳山早療中心
	大頭娃娃臉譜	131	1～4歲	龔智惠	鳳山早療中心
	身體健康妙	140	1～4歲	龔智惠	鳳山早療中心
	我要回家	120	1～5歲	顏翠汶	鳳山早療中心
	動物村	128	2～6歲	林美榮	鳳山早療中心
	三隻小白兔	129	2～6歲	沈小鳳	鳳山早療中心
	大樂透	145	2～4歲	鄭淑翠	鳳山早療中心
	瓶蓋開口笑	145	2～4歲	鄭淑翠	鳳山早療中心
	夾夾臉譜	146	2～4歲	鄭淑翠	鳳山早療中心
	數字手指偶	147	2～4歲	鄭淑翠	鳳山早療中心
	算術列車	149	2～4歲	鄭淑翠	鳳山早療中心
	蝴蝶飛	40	2～4歲	戴靜如	東港早療中心
	抽牌樂	144	2～4歲	陳秀萍	鳳山早療中心
	打數字地鼠	144	2～4歲	陳秀萍	鳳山早療中心

類別	名稱	頁碼	適用	製作／改裝	服務單位
認知概念	立體形狀組	142	2～4歲	張衣淇	鳳山早療中心
	曬衣盒	146	2～4歲	張衣淇	鳳山早療中心
	猜猜看我是誰！	141	2～4歲	龔智惠	鳳山早療中心
	圖形接龍	148	2～4歲	丁玉玫	東港早療中心
	買賣遊戲	148	2～4歲	丁玉玫	東港早療中心
	加柄的形狀拼圖	143	2～4歲	丁玉玫	東港早療中心
	骰子賓果	143	2～4歲	丁玉玫	東港早療中心
	彩繪蛋的家	146	2～4歲	丁玉玫	東港早療中心
	滑水	134	2～5歲	陳秀萍	鳳山早療中心
	溜冰	134	2～5歲	鄭淑翠	鳳山早療中心
	卡位遊戲	138	2～5歲	程芳玉	鳳山早療中心
	圖與文	118	2～5歲	張靜薇	旗山早療中心
	認知概念學習單	151-163	2～6歲	陳秀萍	鳳山早療中心
	跳舞機	122	3～6歲	陳秀萍	鳳山早療中心
	天時地利人和	124	3～6歲	陳秀萍	鳳山早療中心
	釣魚樂	122	3～6歲	林美榮	鳳山早療中心
	動物王國	121	3～6歲	沈小鳳	鳳山早療中心
	讀心	124	3～6歲	張憶慈	鳳山早療中心
	找一找	130	3～4歲	余秀雲	嘉義服務中心
	豆豆數字卡	145	3～4歲	鄭淑翠	鳳山早療中心
	戳戳樂	130	3～4歲	謝映慈	鳳山早療中心
	對對碰	140	3～5歲	吳秀慧	鳳山早療中心

類別	名稱	頁碼	適用	製作／改裝	服務單位
認知概念	伊甸超市	132	3～6歲	沈小鳳	鳳山早療中心
	小熊拼拼樂	133	3～6歲	張衣淇	鳳山早療中心
	猜猜看我是誰！	141	4～5歲	陳秀萍	鳳山早療中心
	拼拼湊湊	133	4～5歲	陳秀萍	鳳山早療中心
	每日一句	126	4～6歲	沈小鳳	鳳山早療中心
	數數表大變身	147	4～5歲、視覺	廖怜悅	婦幼家園
	推理思考學習單	135-137	4～6歲	鄭淑翠	鳳山早療中心
	推理思考學習單	135-137	4～6歲	陳冠舟	鳳山早療中心
	小鴨鴨飛來飛去	150	5～6歲	林美榮	鳳山早療中心
	賽車大賽	150	5～6歲	林美榮	鳳山早療中心
社會溝通	摩天輪	175	2～4歲	鄭淑翠	鳳山早療中心
	天旋地轉	176	2～4歲	鄭淑翠	鳳山早療中心
	乘客與司機	189	2～4歲	鄭淑翠	鳳山早療中心
	○Ｘ賓果遊戲	176	2～5歲	鄭淑翠	鳳山早療中心
	打地鼠	178	2～6歲	吳秀慧	鳳山早療中心
	圖卡	187	2～6歲	吳秀慧	鳳山早療中心
	吹泡泡與吹笛	185	2～6歲	顏翠汶	鳳山早療中心
	情緒臉譜	166	3～6歲	陳秀萍	鳳山早療中心
	丟丟心情桶	167	3～6歲	陳秀萍	鳳山早療中心
	手勢配對	191	3～6歲	沈小鳳	鳳山早療中心
	大富翁	190	4～5歲	鄭淑翠	鳳山早療中心
	吹氣高手	186	4～5歲	陳秀萍	鳳山早療中心
	心情籤	167	4～6歲	陳秀萍	鳳山早療中心

附錄三　自製教具評量表

範圍	項目	評量結果				
設計重點	1.是否符合幼兒發展的學習目標	5	4	3	2	1
	2.內容是否吻合幼兒的興趣與天性	5	4	3	2	1
	3.是否傳達正確的概念	5	4	3	2	1
	4.是否具有多元功能	5	4	3	2	1
	5.是否別出心裁、有創意	5	4	3	2	1
製作過程	1.製作前是否先有設計圖稿	5	4	3	2	1
	2.選用的素材是否容易取得	5	4	3	2	1
	3.是否不必花費太多金錢即可製作	5	4	3	2	1
	4.製作完成後是否經過試用再修正	5	4	3	2	1
善用工具	1.製作時，是否能正確的使用工具	5	4	3	2	1
	2.製作時，是否能節約的使用材料	5	4	3	2	1
使用性	1.是否容易理解使用的方法	5	4	3	2	1
	2.幼兒使用時，是否感覺簡單有趣	5	4	3	2	1
	3.是否方便使用，讓幼兒願意持續操作	5	4	3	2	1
品質	1.外型是否美觀	5	4	3	2	1
	2.是否堅固耐用	5	4	3	2	1
	3.使用上是否安全	5	4	3	2	1
	4.屬於測量性質者，是否精確	5	4	3	2	1

資料來源：林敏宜、楊素玲（2004：9）。

註：5為最高分，1為最低分

附錄四　中文基本字彙表

類別	字彙
親屬	媽媽、爸爸、爺爺、奶奶、外公、外婆、姊姊、哥哥、弟弟、妹妹、堂哥、堂弟、堂姊、堂妹、表哥、表弟、表姊、表妹、伯父、伯母、叔叔、嬸嬸、姑姑、舅舅、阿姨
身體	眼睛、鼻子、手、嘴巴、耳朵、牙齒、舌頭、頭髮、眉毛、脖子、胸部、肚子、屁股、嘴唇、指甲、膝蓋、腳、臉、腿、肩、背、腰、皮膚、肌肉、骨頭、血管、喉嚨、心臟
生活	吃、喝、洗澡、睡覺、漱口、休息、工作、上班、辦公
飲食	牛奶、奶粉、麥片、麵包、餅乾、糖果、布丁、冰淇淋、漢堡、披薩、年糕、粽子、餃子
水果	蘋果、葡萄、香蕉、柳橙、楊桃、鳳梨、芒果、蓮霧、橘子、李子、荔枝、草莓、芭樂
蔬菜	玉米、番茄、胡蘿蔔、馬鈴薯、冬瓜、竹筍、青椒、蔥
衣著	尿布、圍兜、衣服、帽子、毛線衣、襪子、鞋子、手套、手帕、皮帶、褲、裙、手錶、口袋、釦子、袖子
用品	搖籃、床單、枕頭、棉被
餐具	碗、盤、筷、湯匙、杯子
玩具	玩具、熊寶寶、洋娃娃、機器人、積木、氣球
文具	彩色筆、鉛筆、原子筆、尺、漿糊
傢俱	門、桌、抽屜、椅、窗戶、窗簾、牆壁、浴缸、馬桶
居室	房屋、廁所、客廳、廚房、樓梯
電器	電視、冰箱、燈、電風扇、收音機、電腦
人物	老師、同學、先生、小姐、小孩、主人、老闆、警察、郵差、士兵、獵人、國王、王后
社會	請、謝謝、對不起、再見、趕快、慢點、沒有、可以
交通	汽車、摩托車、腳踏車、火車、飛機、船、計程車、救護車、消防車、貨櫃車
天象	天空、太陽、月亮、星星、雲、雨、雪、閃電、雷、颱風
地理	陸地、山、河流、農田、池塘、森林、海洋、湖、地震、沙漠、溫泉
植物	玫瑰花、杜鵑花
哺乳	狗、貓、豬、老鼠、兔子、綿羊、駱駝、大象、猴子、長頸鹿、猩猩、狼、獅子、老虎、犀牛、蝙蝠
鳥類	鴨、鴿子、麻雀、老鷹、鸚鵡、駝鳥、企鵝
昆蟲	蒼蠅、蚊子、蟑螂、螞蟻、蜜蜂、蝴蝶、螢火蟲、獨角仙、蟬、蟋蟀
水棲	金魚、海豚、鯨魚、蝦子、螃蟹
爬蟲	蛇、恐龍

類別	字彙
節足	蜘蛛、跳蚤
方位	前、後、左邊、右邊、裡面、中間
形體	高、低、矮、短、胖、瘦、方、圓、正、反
比較	會、好、壞、棒、多、少、光明、黑暗、美麗、醜、聰明、笨、新、破舊、安靜、吵鬧、清潔、乾淨、骯髒、乖巧、頑皮、安全、危險
烹調	鹽、酒、醋、醬油
炊具	鍋、鏟、瓦斯爐
動作及行為	看、聽、聞、牽、拍、舉、推、拉、穿、戴、脫、抱、躺、坐、爬、站、走、跑、給、拿、扔、丟、找、撿、數、騎、放下、抓癢、跌倒、出去、進來、接近、遠離、等候、叫喊、說話、使用、關閉、唱歌、遊戲、讀書、寫字、彈琴、泡茶、種植、煮飯、炒菜、送信、做事、記住、忘掉、結婚、游泳、跳舞、運動、打針、買、賣、禮讓、假裝、幫忙、比賽、感覺、告訴、回答
感覺	渴、餓、飽、甜、鹹、酸、苦、辣、冷、熱、燙、涼、痛、累、輕、重、軟、硬、臭
感情	哭、笑、喜歡、討厭、害怕、著急、愉快、愛情、想念
生理	眼淚、汗、小便、大便、健康、生病、鼻涕、呼吸、發燒、死、活、醒
數量	一、二、三、四、五、六、七、八、九、十
單位	個、隻、根、件、歲、棵、元、顆、張、雙、輛、次、兩、餐、條
時間	早晨、夜晚、剛才、現在、每天、今天、昨天、夏季
文化	春節、中秋節、端午節
認知（抽象）	寶寶名、我、妳、他們、男、女、親戚、朋友、鄰居、自己、別人、姓名、是、的、誰、問、懂、教、像、第、和、也、還、就、應該、怎麼、什麼、因為、到處、很、了、完、要、最、幾、能、常、這、久、真實、停、過錯、到處、興趣、認識、曉得、知道、哪些、開始
語詞（具體）	樹葉、羽毛、橡皮筋、剪刀、照相機、垃圾桶、掃帚、畚箕、報紙、圖畫、卡通、日曆、翅膀、尾巴、果汁、拖把、瓶子、肥皂、衛生紙、濕巾、水壺、雨傘、牙刷、牙膏、鏡子、梳子、藥、票、軍隊、泥土、石頭、時鐘、雞蛋、豆腐、饅頭、衣架、竹竿、錢、影子、音樂、口罩、課本、馬路、人行道、花盆、橋、身體、食物、東西、故事、托兒所、幼稚園、學校、商店、醫院、市場、寺廟、家庭、城市、鄉村、街

註：1.本表字彙學習順序並無絕對的標準，使用者可考量幼兒的年齡、程度、學習狀況及理解能力後再斟酌選用。

2.本表的內容可能與學術上的分類有所差異。

3.整理自小書庫童書網（2005）。

附錄五　推薦書籍

嬰幼兒遊戲&教具　張翠娥・吳文鶯／著　心理／出版

　　配合兒童不同發展年齡層的能力與需求，教導閱讀者如何運用現有玩具與隨手可得的器材和孩子玩遊戲，以促進嬰幼兒的發展，增進親子感情。

　　本書總共分十二個章節，包括：遊戲與教具對嬰幼兒發展的影響；促進嬰幼兒整合性發展的遊戲環境；各發展階段嬰幼兒遊戲環境的安全防範；各發展階段嬰幼兒教具的選擇；嬰幼兒遊戲的設計與帶領；促進嬰幼兒身體知覺、動作、視聽覺、觸動知覺、運動平衡感、語言、概念及生活自理等能力發展的遊戲與教具；嬰幼兒教具的收納與整理等。

有趣美勞的教具　新形象編輯部／著　新形象／出版

　　本書的內涵，包括手工書及裱板的製作；利用學生勞作作品加強組合，做成手工書作品集或教具書，互動的教具遊戲、製作出具思考、邏輯性、手腳知覺、數的觀念、人際關係的評量，達到多元智能的目的。

　　本書適合老師在單元美勞與孩子一同創作，再加工成為教具（書）；也適合老師直接製作成教具供幼兒操作。另附有黑白的圖形，可直接放大影印使用，很方便哦！

注音符號E-Z Teach　王川華／著　蒙特梭利／出版

　　活動主要是從蒙氏教師工作手冊中的「語言」活動挑選出來的，包含認識注音符號、閱讀字音、閱讀短句、書寫活動、辭彙的書寫活動、閱讀活動、朗讀與閱讀等幾大部分，內容詳細說明了材料、示範步驟及延伸變化，附有彩色照片可一目了然。

自己動作趣味學習玩具　朱美芳／著　福地／出版

　　將隨手丟棄的牛奶盒、膠帶捲加以利用，就成了各種積木；加以組合之後，就成了獨一無二的學習玩具。書中詳細說明了活動目標、教材教具、教具做法、活動程序等，另附有彩色照片，便於閱讀者能圖文對照，更加清礎！

創意教具攻略　顏怡欣／著　天衛文化／出版

　　以年齡層（3～4歲、4～5歲、5～6歲）來區分，包含製作教具的目的、操作過程及變化等，主要以圖卡認知、精細動作及紙上工作為主。附有照片及黑白的圖卡，可供製作時參考利用。

國小啓智教材教具製作與教學實例　洪梅花／著　心理／出版

本書主要內容，乃在提供國小啓智班教師，有關教材教具編製與管理、教學理念、教學活動設計、行政事項……等教學實務經驗之分享。

最大的特色為採文字與實例圖片並呈的方式，且以簡易、經濟考量出發，分享各種可用素材與方法，以協助教師能更快速、具體的掌握相關概念，並能彈性應用於自己的班級教學中，為學生提供有效、可行的學習方法與媒介。

另外，書中還有許多特教觀念的提供，同樣適合一般教師與家長們，在面對孩子學習時的參考。

創意教學活動設計：透明繪本的製作與應用　曾淑美／著　心理／出版

本書運用生動活潑、創意及多元性的教學活動，來引發兒童藉由透明片的透明效果，製作有趣層層疊疊的驚喜創意繪本。透明繪本製作技巧簡單，透過層層疊疊的變化性即能產生驚奇效果，有助於兒童繪本創作的實踐。

透明繪本的呈現具活潑與多元性，適用於兒童創作展現、教師教材教具的呈現以及家長和孩子的親子創意紀念冊，除了透明繪本創作外，透明片的層層疊疊效果也適用於教學情境佈置，透明繪本的風貌千情萬種合適教育工作者及家長，帶著孩子一起閱讀。

多元創意教具製作與應用　魏麗卿／著　心理／出版

本書旨在將幼兒教具製作與應用做一完整的、有系統的，且多元化的呈現。內容包含了幼兒教具製作的理論與八大認知學習領域的運用：日常生活教育、語文教育、數學教育、自然與科學教育、體能與遊戲教育、藝能教育、文化教育，和節慶與特別活動等的教具製作。作者企圖藉由文字分享與圖片呈現，讓讀者更清楚了解有關幼兒教具製作與理論面的應用、實際面的運用。

筆記欄

國家圖書館出版品預行編目資料

動手玩創意：做出孩子合身的玩具 / 伊甸社會福利基金會
早療團隊編著. -- 初版. -- 臺北市：心理, 2008.1
　　面；　　公分. --（幼兒教育系列；51111）
　　參考書目：面
　　ISBN 978-986-191-101-4 (平裝)

1. 特殊教育　2. 教具　3. 玩具

529.6　　　　　　　　　　　　　　　　　96024063

幼兒教育系列 51111

動手玩創意：做出孩子合身的玩具

編 著 者：伊甸社會福利基金會早療團隊
責任編輯：郭佳玲
總 編 輯：林敬堯
發 行 人：洪有義
出 版 者：心理出版社股份有限公司
地　　址：台北市大安區和平東路一段 180 號 7 樓
電　　話：(02) 23671490
傳　　真：(02) 23671457
郵撥帳號：19293172　心理出版社股份有限公司
網　　址：http://www.psy.com.tw
電子信箱：psychoco@ms15.hinet.net
駐美代表：Lisa Wu（Tel: 973 546-5845）
排 版 者：辰皓國際出版製作有限公司
印 刷 者：辰皓國際出版製作有限公司
初版一刷：2008 年 1 月
初版二刷：2010 年 3 月
I S B N：978-986-191-101-4
定　　價：新台幣 480 元